Conteúdo digital exclusivo!

Cadastre-se e transforme seus estudos em uma experiência única de aprendizado!

Acesse agora

Portal:
www.editoradobrasil.com.br/crescer

Código de aluno:
4278062A1575617

Lembre-se de que esse código é pessoal e intransferível. Guarde-o com cuidado, pois é a única forma de você utilizar os conteúdos do portal.

Rosana Corrêa • Salete Moreira

CRESCER

Língua Portuguesa

4º ano

Dados Internacionais de Catalogação na Publicação (CIP)
(Câmara Brasileira do Livro, SP, Brasil)

Corrêa, Rosana
   Crescer língua portuguesa, 4º ano / Rosana Corrêa, Salete Moreira. – 1. ed. – São Paulo: Editora do Brasil, 2018. – (Coleção crescer)

   Bibliografia.
   ISBN 978-85-10-06802-4 (aluno)
   ISBN 978-85-10-06803-1 (professor)

   1. Português (Ensino fundamental) I. Moreira, Salete. II. Título. III. Série.

18-15484   CDD-372.6

Índices para catálogo sistemático:
1. Português: Ensino fundamental 372.6
Maria Alice Ferreira – Bibliotecária – CRB-8/7964

1ª edição / 1ª impressão, 2018
Impresso no Parque Gráfico da Editora FTD

Rua Conselheiro Nébias, 887
São Paulo, SP – CEP 01203-001
Fone: +55 11 3226-0211
www.editoradobrasil.com.br

© Editora do Brasil S.A., 2018
Todos os direitos reservados

Direção-geral: Vicente Tortamano Avanso

Direção editorial: Felipe Ramos Poletti
Gerência editorial: Erika Caldin
Coordenação de arte: Cida Alves
Supervisão de revisão: Dora Helena Feres
Supervisão de iconografia: Léo Burgos
Supervisão de digital: Ethel Shuña Queiroz
Supervisão de controle de processos editoriais: Marta Dias Portero
Supervisão de direitos autorais: Marilisa Bertolone Mendes

Supervisão editorial: Selma Corrêa
Coordenação pedagógica: Maria Cecília Mendes de Almeida
Consultoria técnico-pedagógica: Lília Santos Abreu-Tardelli
Edição: Camila Gutierrez, Maria Helena Ramos Lopes e Solange Martins
Assistência editorial: Eloise Melero e Lígia Gurgel do Nascimento
Coordenação de revisão: Otacilio Palareti
Revisão: Alexandra Resende, Andréia Andrade e Elaine Cristina Silva
Pesquisa iconográfica: Priscila Ferraz e Tatiana Lubarino
Assistência de arte: Samira Souza
Design gráfico: Andrea Melo
Capa: Megalo Design e Patrícia Lino
Imagem de capa: Fernando Vilela
Ilustrações: Claudia Marianno, Fábio Eugenio, Francis Ortolan, Roberto Weigand, Ronaldo Barata, Sandra Lavandeira, Suzan Morisse e Vanessa Prezoto
Produção cartográfica: Sonia Vaz
Coordenação de editoração eletrônica: Abdonildo José de Lima Santos
Editoração eletrônica: Select Editoração
Licenciamentos de textos: Cinthya Utiyama, Jennifer Xavier, Paula Harue e Renata Garbellini
Controle de processos editoriais: Bruna Alves, Carlos Nunes, Jefferson Galdino, Rafael Machado e Stephanie Paparella

Querido aluno,

Você está começando mais uma etapa, um novo ano que promete muitas descobertas, muito aprendizado.

Foi pensando em você que selecionamos os textos, criamos as atividades, pensamos em novas propostas e desafios para ir além. Esse é o movimento do aprendizado. É preciso crescer, como aluno e como pessoa.

Você vai ler, escrever, dar e ouvir opiniões e, com certeza, descobrir que pode aprender muito mais do que imaginava.

Esperamos que seu aprendizado com os colegas e com o professor seja rico e prazeroso.

As autoras

Sumário

Unidade 1

Minhas aventuras, meus segredos................. 7

Leitura 1 – *Querido diário*, Cristina Porto....................................9

Estudo do texto.............................11

Oralidade – Relato oral................ 14

Estudo da língua – Substantivo ... 15

Leitura 2 – *Lelê, o Príncipe Submarino*, José Roberto Torero.....................................21

Estudo do texto............................25

Giramundo – Esportes..................29

Outra leitura – *Minha vida de menina*, Helena Morley 30

Produção de texto – Diário pessoal................................32

Estudo da escrita – Sílaba 33

Retomada................................... 36

Periscópio 38

Unidade 2

Vidas com histórias 39

Leitura 1 – *Autora e obra*, Tatiana Belinky.............................. 41

Estudo do texto............................ 42

Estudo da língua – Substantivo comum e substantivo próprio 46

Leitura 2 – *Malala Yousafzai: biografia*, IKMR..............................51

Estudo do texto............................53

Outra leitura – *Linha do tempo da Mônica*, Mauricio de Sousa...57

Produção de texto – Biografia.... 59

Estudo da escrita – Sílaba tônica 61

Retomada.................................... 66

Construir um mundo melhor – Fazendo a diferença.................. 68

Periscópio 70

Unidade 3

Histórias de sempre......... 71

Leitura 1 – *Os elfos*, Irmãos Grimm 73

Estudo do texto........................... 76

Giramundo – Ilustrações de contos maravilhosos...................80

Oralidade – Lembrando histórias e contadores 81

Estudo da língua – Adjetivo e locução adjetiva 82

Produção de texto – Conto maravilhoso...................................87

Estudo da escrita – Acentuação das palavras monossílabas e oxítonas.................................. 89

Retomada.............................. 92

Periscópio 94

Roberto Weigand

Unidade 4

Curiosidades e descobertas 95

Leitura 1 – *Eles mamam na infância* e *Espertezas da Dona Onça*, Federico Mengozzi 97

Estudo do texto 99

Oralidade – Meu animal de estimação 106

Estudo da língua – Pronome pessoal .... 107 Pronome possessivo 109

Leitura 2 – *Como fazíamos sem... Internet*, Bárbara Soalheiro 113

Estudo do texto 115

Outra leitura – *O dragão* e *O unicórnio*, Arthur Nestrovski 119

Produção de texto – Texto expositivo 121

Estudo da escrita – Acentuação das palavras proparoxítonas 123

Retomada 126

Construir um mundo melhor – Como tratamos os animais? 128

Periscópio 130

Unidade 5

Quem conta um conto... 131

Leitura 1 – *A cumbuca de ouro e os marimbondos*, Ana Maria Machado 133

Estudo do texto 138

Oralidade – Declamação de quadrinhas, parlendas e cantigas 144

Estudo da língua – Verbos 146

Leitura 2 – *A aposta*, Suely Mendes Brazão 149

Estudo do texto 152

Outra leitura – *O bom administrador de fazenda*, Rolando Boldrin 156

Produção de texto – Conto popular 159

Estudo da escrita – Acentuação das paroxítonas 162

Retomada 164

Periscópio 166

Unidade 6

Histórias para se divertir 167

Leitura 1 – *Ossocultura*, Roba e Verron 169

Estudo do texto 170

Oralidade – Meu personagem de ficção preferido 176

Estudo da língua – O substantivo varia 177

Leitura 2 – *Marina*, Mauricio de Sousa 182

Estudo do texto 183

Giramundo – Tirinhas 186

Outra leitura – *Dicas para usar conscientemente sua água!*, Mauricio de Sousa 187

Produção de texto – História em quadrinhos 189

Estudo da escrita – Palavras terminadas em **OSO/OSA** 191

Retomada 194

Construir um mundo melhor – O dia do brincar 196

Periscópio 198

Unidade 7
O que aconteceu? Novidades no ar... 199

Leitura 1 – *Panda-gigante dá à luz um filhote em zoológico na Bélgica*, Agência EFE 201

Estudo do texto 203

Giramundo – Animais em extinção 208

Estudo da língua – Advérbio 209

Leitura 2 – *Brasileiro cria "banho infinito", que gasta apenas 10 litros de água*, Joca 214

Estudo do texto 215

Outra leitura – Charge, Jean Galvão 218

Oralidade – Jornal falado 219

Estudo da escrita – **S** e **Z** nas terminações **ÊS/ESA**, **EZ/EZA** ... 221

Retomada 224

Periscópio 226

Unidade 8
Vamos participar da campanha? 227

Leitura 1 – *Não seja um esbanja ao escovar os dentes. Sempre feche a torneira*, Cedae 229

Estudo do texto 230

Estudo da língua – Verbo no modo imperativo 234

Leitura 2 – *Faça parte da liga da vacinação, e não dê chance para as doenças*, Secretaria de Estado de Saúde de Minas Gerais 239

Estudo do texto 240

Giramundo – Qual é a música que te faz feliz? 244

Outra leitura – *Menino que mora num planeta*, Roseana Murray 245

Produção de texto – Propaganda de campanha 246

Estudo da escrita – Uso do **X** ou **CH** 248

Retomada 250

Construir um mundo melhor – Os jovens e os espaços de lazer da cidade 252

Periscópio 254

Referências 255

Roberto Weigand

Minhas aventuras, meus segredos

Observe a imagem abaixo. Dá para imaginar que há muito, muito tempo desenhos parecidos com estes eram a base da escrita de uma importante civilização, a egípcia?

Nesse tipo de escrita, cada sinal (ou desenho) correspondia a uma letra e era chamado de **hieróglifo**.

Agora é sua vez de ser um grande pesquisador e tentar decifrar uma mensagem escrita com hieróglifos!

1. Consulte o quadro anterior e descubra, na mensagem abaixo, o nome do gênero que será estudado nesta unidade. Mas atenção! A leitura deve ser feita da direita para a esquerda (←)!

Antes de ler

1. Você já teve vontade de registrar momentos importantes de sua vida, como fatos, sensações, pensamentos ou imagens?

Blog pessoal
Registro de experiências vividas, publicado em meio virtual.

Diário pessoal
Registro de experiências vividas.

Diário pessoal
Personagens não reais relatam suas experiências pessoais.

Rede social de fotos
Espaço virtual para compartilhar experiências pessoais.

2. Você conhece alguma dessas formas de registrar experiências pessoais? Já utilizou alguma delas ou leu textos como esses?

8

Leitura 1

Você vai ler um trecho de um diário pessoal escrito pela personagem Serafina, uma menina aventureira que gosta de criar esconderijos.

Que segredos você imagina que Serafina escreve em seu diário?

Querido diário:

Eu não poderia viver sem ter um esconderijo.

Minha mãe diz que desde pequenininha eu sou assim: brincava, brincava, brincava e, de repente, ia me recolher embaixo de alguma mesa, atrás do sofá ou até dentro de algum armário. E ficava no meu esconderijo até ter vontade de voltar ao mundo de novo. E isso podia levar dez minutos, meia, uma ou duas horas...

Agora, que já estou mais crescida, prefiro esconderijos mais escondidos, misteriosos.... No sítio do meu vô Quim, por exemplo, ele fica no galho mais alto de um abacateiro, perto da paineira onde um joão-de-barro fez sua casinha.

Só que, como a minha casa é pequena e tem um quintal também pequeno, nunca pude inventar muita coisa.

O jeito sempre foi escolher um cantinho gostoso, avisar à minha mãe que aquele era meu esconderijo e pedir a ela que não me procurasse quando eu sumisse sem falar nada. E ainda bem que ela sempre entendeu e respeitou minha vontade e meus pedidos.

Mas sabe onde é meu atual esconderijo, diário? É na casa do seu Nonô, ou melhor, no quintal da casa dele.

Você imagina que ele pegou uns caixotes de madeira, desmanchou, ajeitou daqui, ajeitou dali, e fez uma espécie de "toquinha" para ser meu esconderijo? Ficou parecendo coisa de livro de bruxa e fada.

Dá para eu ficar sentada em cima de uma almofada e dá até para deitar, meio encolhida, fazendo da almofadinha um travesseiro. É por tudo isso que eu adoro, mas adoro mesmo, o seu Nonô! Ele me entende direitinho, não pergunta nada, não acha nada estranho... Aliás, quanto mais o tempo passa, mais o seu Nonô adivinha o que eu sinto, o que eu penso e o que eu quero. Pois é... e é daqui, do esconderijo mais lindo e gostoso que já tive, que resolvi escrever você, diário. Que, na verdade, não vai ser um diário, pois eu não vou querer me esconder todos os dias, claro, só de vez em quando. Então, como vou chamar você? Não sei.

E, enquanto não fico sabendo, fico chamando de diário mesmo.

Tchau, tchau.

[...]

Cristina Porto. *O diário escondido da Serafina*. São Paulo: Ática, 1999. p. 2 e 3.

Paineira: tipo de árvore.

SOBRE A AUTORA

Cristina Porto nasceu na cidade paulista de Tietê e viveu nessa cidade os primeiros anos de sua vida. Mudou-se para São Paulo, onde fez faculdade de Letras, formou-se professora e trabalhou com revistas e livros infantis. Depois de algum tempo, passou a dedicar-se exclusivamente à literatura. Tem mais de 50 livros publicados.

Estudo do texto

1. O trecho que você leu faz parte de um diário de ficção (uma história imaginada por um escritor e narrada em forma de diário).

   a) Levando em conta a personagem e suas aventuras, quem são os possíveis leitores desse diário?

   _____

   _____

   b) Com que finalidade os leitores leem um diário de ficção? Assinale a alternativa correta.

   ☐ Conhecer fatos acontecidos no passado.

   ☐ Saber como era a vida das crianças em outros tempos.

   ☐ Divertir-se com as aventuras relatadas no diário.

2. No texto lido, conhecemos algumas aventuras de Serafina.

   a) Quem narra as aventuras da personagem?

   _____

   b) Como é possível identificar o narrador (aquele que conta a história) no diário? Dê exemplos do texto.

   _____

   _____

3. De acordo com o texto, que tipo de informação a personagem registra em seu diário? Marque-o com **X**.

   ☐ Histórias que ela ouviu.

   ☐ Fatos que imaginou.

   ☐ Acontecimentos vividos por ela.

4. Circule no texto dois exemplos que mostram o tipo de informação encontrada no diário de Serafina.

11

5. Qual é a diferença entre os esconderijos em diferentes épocas da vida de Serafina?

6. Nos diários, quem escreve registra sentimentos e emoções sobre os acontecimentos de sua vida.

a) Que sentimento Serafina tem por seu Nonô? Justifique sua resposta com um trecho do texto.

b) Como Serafina descreve o esconderijo feito por seu Nonô?

7. Releia o trecho e observe a repetição da palavra destacada.

> Minha mãe diz que desde pequenininha eu sou assim: **brincava, brincava, brincava** [...].

Que ideia a repetição acrescenta ao texto?

8. Releia o trecho em que Serafina descreve o atual esconderijo.

> Ficou parecendo coisa de livro de bruxa e fada.

Como você imagina que Serafina se sentia nesse lugar? Por quê?

9. Você também tem um lugar secreto onde gosta de ficar? Como ele é? Se não tiver um lugar em especial, imagine um esconderijo e conte aos colegas como ele seria.

10. Leia atentamente o trecho a seguir e observe as palavras destacadas.

> Dá para eu ficar sentada em cima de uma almofada e dá até para deitar, meio encolhida, fazendo da **almofadinha** um travesseiro. É por tudo isso que eu adoro, mas adoro mesmo, o seu Nonô! Ele me entende **direitinho** [...].

a) Qual(is) palavra(s) destacada(s) indica(m) tamanho pequeno?
_____

b) Substitua a palavra "direitinho" por outra que tenha o mesmo significado.

Ele me entende _____.

11. Serafina tem dúvidas sobre como vai chamar o caderno onde faz suas anotações. Por que ela não sabe se pode chamar seus escritos de diário?
_____
_____
_____
_____

O que aprendemos sobre...

Diário pessoal

- É narrado em 1ª pessoa (eu).
- É o registro de sentimentos e emoções sobre os fatos.
- Os diários pessoais registram fatos da vida de pessoas ou de personagens.

13

Relato oral

Com certeza você se lembra de algo muito especial que já lhe aconteceu, não é mesmo? Todo mundo guarda com carinho uma lembrança.

Pode ser o primeiro dia na escola, o dia em que você ganhou seu bichinho de estimação, a vitória de seu time de futebol, uma festa de aniversário, um dia na praia...

Que tal escolher um fato importante em sua vida para contar aos colegas? Mas antes é preciso planejar sua fala.

Planejamento

1. Faça um esboço no caderno do que pretende falar. As perguntas a seguir podem ajudá-lo a organizar seu relato.

> Qual é o fato escolhido? Quem estava presente?
> Onde aconteceu? O que aconteceu?
> Quando aconteceu? Como você se sentiu?

2. Não é preciso obedecer a uma ordem, nem responder exatamente a essas perguntas; outras ideias podem surgir!
3. Explique por que escolheu determinado fato e fale sobre os sentimentos que experimentou na ocasião.
4. Faça breves anotações para consultar durante sua fala. Frases, palavras-chave e mesmo uma ilustração podem ajudá-lo a lembrar-se do fato. É importante também expressar o que você sentiu quando tal fato aconteceu.

5. Prepare sua apresentação em casa, em voz alta, por mais de uma vez. Preste atenção também no tempo; sua fala não deve ser muito longa.

Apresentação

1. No dia marcado, o professor determinará a ordem dos relatos.
2. Fale em voz alta e devagar, para que todos possam ouvi-lo.
3. Mantenha a cabeça erguida e olhe para as pessoas que estão assistindo.
4. Os colegas devem ficar atentos e em silêncio. Ao final do relato, poderão fazer comentários e perguntas sobre a fala do apresentador.

Substantivo

1. Releia este trecho de *O diário escondido da Serafina*.

> Minha mãe diz que desde pequenininha eu sou assim: brincava, brincava, brincava e, de repente, ia me recolher embaixo de alguma mesa, atrás do sofá ou até dentro de algum armário. E ficava no meu esconderijo até ter vontade de voltar ao mundo de novo. E isso podia levar dez minutos, meia, uma ou duas horas...

Complete o nome dos esconderijos que Serafina utilizava quando era pequena.

a) Embaixo de alguma _____

b) Atrás do _____

c) Dentro de algum _____

15

2. Observe esta ilustração.

Identifique e escreva o nome de:

a) oito objetos;

_____

_____

b) pelo menos um ser.

_____

_____

3. Leia a lista que você fez na atividade anterior e ouça a de seus colegas. Complete sua lista com os nomes que faltam.

> As palavras que dão nome aos seres (animais, pessoas etc.) e aos objetos são os **substantivos**.

4. Leia outro trecho do diário de Serafina. Seu Nonô vai se casar, e Serafina está muito ansiosa. Ela descreve o bolo para a festa-surpresa que o bairro está preparando. Observe as palavras destacadas.

16

Querido diário:

Voltei. E acabei nem almoçando direito de tanta beiradinha de **bolo** que comi na **casa** da **Rosalina**.

O bolo? Bem, o bolo ficou ma-ra-vi-lho-so! Depois que acabamos de rechear, a **mãe** do **Tavinho** fez uma cobertura de **suspiro** com creme de **leite** e colocou um punhado de fios de **ovos** saindo do centro e caindo pelo lado, feito cascata. E enfeitou com algumas **amoras** bem fresquinhas.

[...]

Cristina Porto. *Serafina e o casamento do seu Nonô*.
São Paulo: Ática, 2000. p. 24.

a) Complete as frases a seguir.
- "Rosalina", "Tavinho" e "mãe" são substantivos que nomeiam _____
- "Bolo", "amoras", "casa", "ovos", "leite" e "suspiro" são substantivos que nomeiam _____

b) Apresente aos colegas os nomes que você usou para completar as frases e escute os nomes que eles escolheram.

5. Leia a continuação do texto sobre o casamento de seu Nonô. Observe que algumas palavras foram substituídas por ♦.

[...]
Foi daí que aconteceu uma pequena ♦: alguém, não sei quem, apareceu com um casalzinho de bonecos vestidos com roupa de noivos, uma roupinha muito bem-feita, por sinal, e mal ameaçou colocar em cima do bolo, pra ♦ começar:
— Nossa, que coisa mais brega, mais cafona! Tire já daí!
[...]

Cristina Porto. *Serafina e o casamento do seu Nonô*.
São Paulo: Ática, 2000. p. 24.

Quais são os dois substantivos que completam corretamente o texto acima? Assinale a alternativa correta.

☐ corrida – confusão   ☐ corrida – surpresa
☐ surpresa – corrida   ☐ confusão – gritaria

Esses substantivos são diferentes dos que você identificou na atividade 2. Eles nomeiam ações ou coisas que fazemos.

Observe:

Ação	Substantivo
As vizinhas de Serafina **gritaram**.	Houve uma **gritaria** das vizinhas de Serafina.
As vizinhas se **confundiram**.	Houve uma **confusão** entre as vizinhas.
Serafina **surpreendeu** as vizinhas.	Serafina fez uma **surpresa** para as vizinhas.
Todas **correram**.	Todas participaram de uma **corrida**.

> Os **substantivos** dão nome a objetos, alimentos, animais, lugares, pessoas, ações, sentimentos, fenômenos da natureza etc.

Veja alguns exemplos de substantivos.

Nomes de objetos	Bola, bicicleta, mangueira, regador, cadeira, mesa.
Nomes de partes do corpo	Cabeça, barriga, perna, pé.
Nomes de pessoas	Serafina, Nonô, Lelê, João, Maria.
Nomes de lugares	Casa, esconderijo, quintal.
Nomes de animais	Cachorro, pássaro, cavalo, gato.
Nomes de sentimentos	Saudade, amor, alegria.
Nomes de ações	Corrida, chegada, partida, dança.

Atividades

1. O que é, o que é? Consulte as imagens e responda às adivinhas com um substantivo.

O que é, o que é? É muito magro, tem dentes, mas nunca come. Mesmo sem ter dinheiro, dá comida a quem tem fome. _____		O que é, o que é? Enche uma casa, mas não enche uma mão. _____
	O que é, o que é? É feito para andar e não anda. _____	
O que é, o que é? Dá muitas voltas e não sai do lugar. _____		
	O que é? O que é? Tem pernas, mas não anda. Tem braço, mas não abraça. _____	

19

2. Descubra os substantivos do quadro no diagrama.

tristeza	zebra	boneca	felicidade	medo
peteca	jabuti	bairro	praia	fantoche

```
P  A  V  B  R  R  O  F  A  N  T  O  C  H  E
E  E  Q  A  M  Y  E  K  T  A  J  G  N  Y  O
T  D  A  I  E  N  O  B  U  H  H  H  M  J  T
E  O  N  R  M  A  Z  E  B  R  A  P  R  A  R
C  E  V  R  I  T  F  I  A  L  C  I  S  O  I
A  Y  L  O  C  J  N  F  J  F  J  J  G  S  S
I  C  I  S  I  A  D  E  A  B  A  K  G  T  T
E  J  R  I  C  O  T  L  F  C  B  H  W  U  E
G  W  M  R  I  I  T  I  D  J  U  R  B  E  Z
A  P  R  A  I  A  D  C  P  A  T  K  O  U  A
N  G  A  O  C  A  T  I  D  R  I  X  N  Y  J
S  G  R  H  K  P  F  D  D  S  E  Q  E  U  N
F  M  E  D  O  C  S  A  U  E  Z  C  C  E  L
Y  W  N  B  H  R  Z  D  B  V  A  C  A  D  T
O  F  R  W  Y  J  R  E  L  S  D  H  R  N  T
```

3. Dos substantivos que você encontrou, quais são:

• nomes de lugares?

_____

• nomes de sentimentos?

_____

• nomes de objetos?

_____

• nomes de animais?

_____

20

Lelê é um personagem criado pelo escritor José Roberto Torero. Ele tem em torno de 10 anos de idade, é sobrinho (fictício) de Torero e escreve suas aventuras em um diário virtual.

No trecho a seguir, Lelê conta como foi comprar sua roupa de nadador para começar o curso de natação.

Como você imagina que foi essa experiência? Que tipo de informação Lelê pode ter escrito em seu diário?

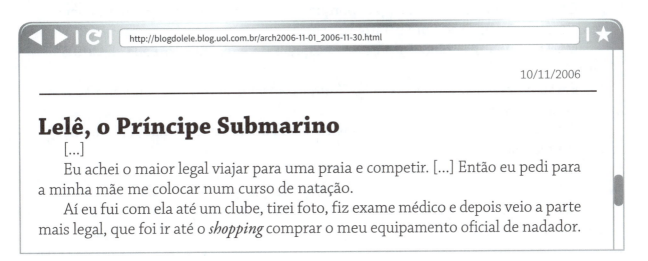

10/11/2006

Lelê, o Príncipe Submarino

[...]

Eu achei o maior legal viajar para uma praia e competir. [...] Então eu pedi para a minha mãe me colocar num curso de natação.

Aí eu fui com ela até um clube, tirei foto, fiz exame médico e depois veio a parte mais legal, que foi ir até o *shopping* comprar o meu equipamento oficial de nadador.

A gente foi numa loja muito grande e um moço careca veio atender a gente. A primeira coisa que ele mostrou foi o calção.

"Este aqui está bom, Lelê?", a minha mãe perguntou mostrando um calção azul. Eu respondi "Claro que não! Esse é o maior sem graça. Eu quero um com escamas, que nem o do Namor, o Príncipe Submarino."

O moço careca deu uma risadinha e falou: "Justo esse está em falta, meu garoto, mas nós temos este aqui, igualzinho ao do Ian Thorpe, aquele grande nadador australiano."

Era um calção que não era calção, porque ele cobria as pernas, o peito e os braços. Eu disse: "Uau! Esse é um barato!"

Mas a minha mãe olhou o preço na etiqueta e disse: "Barato nada. É caro à beça!"

Então eu falei para convencer ela: "Com essa roupa aposto que eu vou nadar feito um torpedo."

E ela disse para me convencer: "Mas ele custa uma fortuna e daqui a um ano não vai mais servir."

"Mas eu quero", eu falei para convencer ela.

"Tá bom, eu compro, mas só se você prometer que não cresce mais."

Aí, como eu não quero ser baixinho para sempre, eu acabei ficando com o calção azul mesmo.

Então a gente foi ver os oclinhos de natação, que servem para não deixar entrar água no olho. O moço careca me mostrou um monte, mas eles eram muito sem graça. Aí eu perguntei:

"Não tem um diferente?"

"Diferente como, meu garoto?"

"Com visão de raio X?"

"Não temos, não."

"E com binóculo embutido?"

"Não temos."

"E com luz infravermelha para enxergar de noite?"

"Não."

Aí eu não aguentei e disse: "Poxa, que loja ruim, não tem nada."

Então a minha mãe olhou para mim apertando os olhos e aí eu fiquei quieto, porque eu sei que depois de apertar os olhos ela aperta eu. E aí eu escolhi um bem rápido e falei: "Esse azul tá bom."

Depois a gente foi ver a touca. O moço careca mostrou uma e disse "A mais barata é essa. E tem azul para combinar."

A minha mãe falou "Perfeita!". Mas eu protestei:

"Essa é a maior ruim! Não tem uma com orelhas que nem a do Batman? Ou com antenas? E se eu usasse um capacete de moto?"

A minha mãe respirou fundo, que é o que ela faz quando a paciência já está bem no finzinho, e falou: "A touca serve para o seu cabelo não cair na piscina. É isso ou cortar careca."

Então eu olhei para o moço careca, que era bem feio, e disse: "Prefiro a touca."

[...]

Aí eu fui para o meu primeiro dia de natação. [...]

"É. Já posso entrar na piscina?", eu perguntei. E eu estava mesmo com a maior vontade de pular na água para estrear a minha roupa oficial de nadador.

Só que nessa hora deu um trovão bem grande, daqueles que fazem brrrrruuuummm! E aí a tia Nilce falou: "Xi, com trovão não tem treino na piscina, porque é perigoso. Todo mundo para o ginásio."

Então a gente foi para o ginásio e ficou fazendo ginástica [...].

Depois a gente chegou em casa e eu estava o maior triste porque não tinha usado a minha roupa.

"Amanhã você testa o seu equipamento", disse a minha mãe.

"Mas até amanhã é muito tempo", eu respondi.

[...]

Uma hora depois, a minha mãe entrou no banheiro, arregalou os olhos e disse: "Lelê, você ficou louco?!". E depois ela começou a rir tanto que até sentou no chão.

Eu não entendi nada. O que que tem de engraçado a gente tomar banho de calção, touca e oclinhos?

José Roberto Torero. *Blog do Lelê*. Disponível em: <http://blogdolele.blog.uol.com.br/arch2006-11-01_2006-11-30.html>. Acesso em: 13 jan. 2017.

 Torpedo: objeto explosivo lançado contra alvos marítimos por submarinos, navios, aeronaves etc.

SOBRE O AUTOR

José Roberto Torero é escritor, roteirista e cineasta. Foi roteirista de várias produções de televisão e filmes, como *Uma história de futebol*, que concorreu ao Oscar em 2001. É autor de diversas obras de literatura infantil, entre elas o *Blog do Lelê*. Nesse *blog*, Torero criou um personagem de ficção, um sobrinho imaginário chamado Lelê. É a partir do olhar da criança que o narrador conta suas aventuras.

Estudo do texto

1. O *Blog do Lelê* foi publicado em uma página de um *site*, na seção Crianças.

   a) Observe as imagens do *blog* e o conteúdo do texto lido. Que características identificam os leitores dessa seção?

   _____

   _____

   b) Leia os títulos de notícias a seguir. Marque qual poderia ser publicado na seção Crianças desse *site*. Justifique sua resposta.

   ☐ **Semana Mundial do Brincar promove sete dias de atrações grátis**

   Disponível em: <http://guia.folha.uol.com.br/crianca/2016/05/1772412-semana-mundial-do-brincar-promove-sete-dias-de-atracoes-gratis.shtml>. Acesso em: 10 abr. 2017.

   ☐ **Automóvel elétrico é eleito o 'carro do ano' nos EUA pela primeira vez**

   Disponível em: <www1.folha.uol.com.br/sobretudo/rodas/2017/01/1848279-automovel-eletrico-e-eleito-o-carro-do-ano-nos-eua-pela-primeira-vez.shtml?cmpid=softassinanteuol>. Acesso em: 10 abr. 2017.

   _____

   _____

2. Em geral, os diários são escritos todos os dias e podem começar com uma data. Qual é a função da data no início do texto?

   _____

   _____

25

3. Lelê precisava comprar roupas e acessórios para o curso de natação. Observe estes artigos.

Calção azul.   Óculos com luz infravermelha para enxergar à noite.   Touca azul.   Capacete de moto.

Calção com escamas do personagem Namor.   Touca de natação com antenas.   Óculos tradicionais de natação.

Ilustrações: Vanessa Prezoto

a) Quais desses artigos Lelê realmente vai precisar nas aulas de natação? Circule de **azul**.

b) E quais artigos não são necessários? Circule de **vermelho**.

4. Lelê queria um calção igual ao do Namor, o Príncipe Submarino. Você conhece esse personagem? Confira!

a) Por que Lelê queria um calção igual ao de Namor?

_____

_____

b) Que qualidade de Namor poderia ser mais útil para Lelê nas aulas de natação?

_____

_____

5. Assinale a alternativa que apresenta somente palavras que caracterizam Lelê.

☐ bagunceiro – divertido – medroso

☐ esperto – bagunceiro – imaginativo

☐ divertido – imaginativo – esperto

Namor

É um personagem de histórias em quadrinhos americano. Ele é extremamente forte, veloz e resistente e seus poderes aumentam quando ele está debaixo da água. Com um par de asas em suas canelas, ele foi o primeiro super-herói das histórias em quadrinhos a voar.

Capa de edição estrangeira de gibi do Namor, 1984.

6. Quais são as características da mãe de Lelê? Escreva **V** (verdadeiro) ou **F** (falso) nas afirmações sobre ela.

☐ Mostra-se sempre calma e atenta aos desejos do filho.

☐ Deixa-se convencer pelos argumentos do vendedor na loja de artigos para natação.

☐ Revela ser uma consumidora consciente, que procura adquirir mercadorias realmente necessárias a preços acessíveis.

☐ Apesar de firme com Lelê, demonstra ter senso de humor em momentos de brincadeira com o filho.

7. A mãe de Lelê convence o filho a desistir de seus pedidos.

a) Por que ela não aceita os pedidos do filho?

_____

_____

b) De que forma ela convence o filho a comprar os objetos necessários para praticar natação?

_____

_____

_____

_____

8. Releia os trechos e observe a linguagem utilizada.

> Eu achei o maior legal viajar para uma praia e competir.
> [...]
> Uau! Esse é um barato!

Sobre a linguagem empregada nos trechos acima, circule somente as afirmações corretas.

- A linguagem é formal e séria.

- A linguagem é mais pessoal e espontânea.

- A linguagem expressa sentimentos e emoções.

- A linguagem é direta e com poucos detalhes.

9. Relacione as características do gênero diário pessoal a um dos textos ou aos dois textos que você leu nesta unidade.

I O diário escondido de Serafina   **II** Lelê, o Príncipe Submarino

☐☐ Texto escrito em 1ª pessoa.   ☐☐ Conversa entre quem escreve e o diário.

☐☐ Data no início do texto.   ☐☐ Linguagem informal.

☐☐ Registro de senti-   ☐☐ Publicado em livro.
mentos e emoções.   ☐☐ Publicado em *blog*.

O que aprendemos sobre...

Diário pessoal

- Pode ser publicado em livros e em espaços virtuais (*blog*).
- No diário pessoal dirigido ao público infantil, a linguagem, os temas e as ilustrações são adequados ao público leitor.

Esportes

Você viu que o sonho de Lelê era ser igual ao herói das histórias em quadrinhos Namor, o Príncipe Submarino. Conheça agora os poderes de outro super-herói.

www.ehow.com.br/lista-superherois-marvel-seus-poderes-info_29802/

Capitão América

[...] Ele corre tão rápido como nenhum humano poderia e tem força e inteligência correspondentes. O Capitão América é treinado em diferentes formas de combate, como *kickboxing* e judô, assim como movimentos de ginástica. [...]

Capa de edição brasileira de gibi do Capitão América, março de 2016.

Disponível em: <www.ehow.com.br/lista-superherois-marvel-seus-poderes-info_29802/>. Acesso em: 15 jan. 2017.

1. Veja alguns dos esportes disputados em jogos olímpicos.

Se o Capitão América fosse participar de uma olimpíada, em qual esporte ele teria mais chance de ser campeão? Justifique sua resposta.

_____

_____

29

Você já leu dois diários pessoais ficcionais, que foram escritos com a finalidade de divertir os leitores. Cristina Porto e José Roberto Torero criaram os personagens Serafina e Lelê e os respectivos diários.

Agora você lerá um trecho de um diário pessoal com fatos reais: *Minha vida de menina*. Helena Morley é uma garota que viveu em Diamantina, Minas Gerais, no fim do século XIX. No diário, ela relata fatos que ocorreram em sua vida quando ela tinha entre doze e quinze anos.

Como você imagina que uma pré-adolescente se divertia no fim do século XIX? Leia o diário de Helena e confira.

Minha vida de menina

[...]

Terça-feira, 21 de fevereiro

Ontem jantei com minhas tias inglesas.

Vou lá sempre depois da Escola, tomo café e demoro um pouco, às vezes meia hora no máximo. Não me demoro mais porque lá não se tem com quem brincar, e eu não sou capaz de ficar muito tempo sentada na sala, só ouvindo conversa de gente grande.

Passei lá depois da Escola, estava um amigo de minhas tias, que gosta também de mim, Seu Benfica. Ele me perguntou se eu gostava de fantoches. Eu respondi que muito. Ele disse então que eu fosse avisar a mamãe e voltasse para jantar com minhas tias, que ele e Dona Teresinha passariam lá, para nos pegar e levar aos fantoches.

Que noite boa! Nunca vi coisa mais engraçada que a dança daqueles bonecos. Parecem gente. Então os dois, Briguela e Maricota, são impagáveis. A gente fica até duvidando que sejam bonecos. Seu Benfica nos levou, no meio do espetáculo, um pacotão de luminárias e canudos, que fomos comendo enquanto assistíamos aos fantoches.

Oh, noitezinha boa! Era bem bom se eu pudesse ir todos os dias. Seu Benfica me perguntou se eu gostei e eu respondi: "Demais!". Ele então prometeu que vai me levar mais algumas noites.

Gostei dele dizer "algumas". Podia ter dito "mais uma". Mas minhas tias me disseram que não contasse muito com isso, porque a mulher dele não é tão franca como ele. Às vezes ele promete e ela não deixa cumprir.

Também que me importa? Eu já fui duas vezes.

[...]

Helena Morley. *Minha vida de menina*. São Paulo: Companhia das Letras, 1998. p. 27-28.

Luminária: canudo feito de massa com recheio de doce de coco.

1. Depois de ler o diário de Helena Morley, converse com os colegas e o professor sobre as questões a seguir.

    a) No dia contado por Helena nesse trecho do diário, como ela se divertiu?

    _____

    _____

    b) Compare a diversão descrita no texto com os tipos de diversão comuns hoje em dia.

2. Esse diário foi escrito com a finalidade de:

    ☐ registrar histórias imaginadas pelo autor.

    ☐ registrar fatos importantes da vida do autor.

3. Que características do diário de Helena são semelhantes às do diário de Serafina e às do *blog* do Lelê?

O que aprendemos sobre...

Diário pessoal

- É um registro pessoal, escrito em 1ª pessoa (eu).
- Quem escreve registra seus sentimentos e emoções sobre os fatos.
- É escrito para registrar os fatos mais importantes da vida de uma pessoa.
- Geralmente quem escreve guarda o texto para si, mas ele também pode ser publicado em livros ou em espaços virtuais.

31

Produção de texto

Diário pessoal

Nesta unidade você conheceu três diários – dois fictícios (o de Serafina e o de Lelê) e um baseado em fatos reais, isto é, que aconteceram de verdade (o de Helena Morley).

Agora é sua vez de produzir uma página de diário para registrar os acontecimentos de seu dia a dia. Você vai relatar algo pessoal, um momento especial que ficará registrado na memória.

Vamos lá!

Planejamento e escrita

1. Escolha um caderninho especial, uma caderneta ou uma agenda para ser seu diário, onde você vai escrever seus relatos.

2. Durante uma semana, diariamente, registre situações que você considera importantes. Por exemplo: um dia na escola, uma visita inesperada, um presente que ganhou, um jogo de seu time, um passeio... Enfim, um acontecimento que tenha um significado especial para você.

3. Lembre-se de relatar, além dos fatos, também as impressões, sentimentos e emoções que você experimentou ao viver esses acontecimentos. Esses elementos são importantes, pois muitas pessoas podem viver a mesma aventura, mas cada uma fará um registro diferente do que viveu, com detalhes e sentimentos próprios.

4. Você pode fazer colagens, desenhar e pintar seus registros. Esse é um espaço particular, onde você pode expressar suas ideias e seus sentimentos.

Depois de escrever, verifique se você:
- colocou data no início do texto;
- relatou os fatos na sequência em que aconteceram (do mais antigo para o mais recente) e organizou as informações em parágrafos;
- escreveu em 1ª pessoa (eu);
- usou linguagem informal e espontânea;
- fez registros das impressões, dos sentimentos e das emoções vividas no momento.

Apresentação

Quem escreve um diário para registrar experiências pessoais geralmente não tem intenção de divulgar seu texto. No entanto, se quiser, escolha algo que escreveu durante a semana e leia para os colegas.

Você pode continuar registrando suas histórias e aventuras durante o ano e, depois de um tempo, reler seus escritos. Provavelmente vai se surpreender e se emocionar com o que aconteceu com você no passado.

Sílaba

1. Releia este trecho do diário da Serafina.

> O bolo? Bem, o bolo ficou ma-ra-vi-lho-so! Depois que acabamos de rechear, a mãe do Tavinho fez uma cobertura de suspiro com creme de leite e colocou um punhado de fios de ovos saindo do centro e caindo pelo lado, feito cascata. [...]

a) Serafina dividiu a palavra "maravilhoso" em sílabas. Nesse caso, que sentido a separação de sílabas acrescenta a essa palavra?

b) Em que situações dividimos as palavras em sílabas quando falamos?

_____

c) Quantas sílabas formam a palavra **ma-ra-vi-lho-so**?

_____

> As palavras podem ser divididas em **sílabas**. A sílaba é um grupo de sons da fala pronunciados num só impulso de voz.

2. As palavras a seguir foram retiradas de um trecho do diário de Serafina.

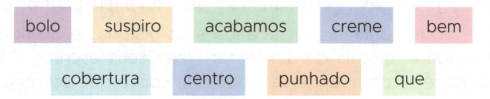

Complete o quadro a seguir com as palavras acima separando-as em sílabas.

Palavra(s) com uma sílaba	Palavra(s) com duas sílabas	Palavra(s) com três sílabas	Palavra(s) com quatro sílabas ou mais
_____	_____	_____	_____
_____	_____	_____	_____
_____	_____	_____	_____

> As palavras podem ser classificadas de acordo com o número de sílabas.
> - **Monossílabas:** palavras com uma sílaba.
> - **Dissílabas:** palavras com duas sílabas.
> - **Trissílabas:** palavras com três sílabas.
> - **Polissílabas:** palavras com quatro ou mais sílabas.

Atividades

1. Leia esta tira do Menino Maluquinho.

Disponível em: <http://meninomaluquinho.educacional.com.br/PaginaTirinha/PaginaAnterior.asp?da=08082016>. Acesso em: 26 mar. 2017.

a) Por que Maluquinho para de repente de brincar com Junim?

b) Para onde Maluquinho olha no último quadro da tira? Para quem? Justifique sua resposta.

_____

_____

2. Leia em voz alta estas palavras retiradas da tira:

| ué | estranho | acho | parou |

a) Separe as sílabas de cada uma delas.

_____

b) Das sílabas que você separou, quais são formadas:

• apenas por vogal? _____

• por vogal + consoante? _____

• por consoante + vogal + vogal? _____

• por consoante + vogal? _____

• por consoante + consoante + vogal? _____

c) Converse com os colegas. Existe sílaba sem vogal, ou seja, sílaba só com consoantes?

35

Retomada

1. Leia um trecho de um diário fictício e outro de um diário baseado em fatos reais. Depois responda às questões.

I Diário de Mariana

Meu diário,

Amanhã entro de férias e vou conhecer o mar. Como é o mar? [...] Mamãe falou para a gente levar só o essencial. [...] Mas vou levar o vestido que tia Lili me deu de aniversário. E, por falar em aniversário, não posso deixar de contar como foi minha última festa. De manhã não notei nada, nem parabéns ganhei. [...] Já tinha até esquecido o meu aniversário, mas, quando cheguei em casa, levei um susto. A casa estava toda apagada e, quando acendi a luz da sala, todos estavam lá. E foi tanto abraço, tanto presente que quase morri de alegria. [...]

Mariana, a menina que sonha e sonha.

Ronald Claver. *Dona Palavra*. São Paulo: FTD, 2002. p. 42-44.

a) Mariana fala em seu diário sobre dois acontecimentos importantes. Quais são eles?

_____
_____
_____

b) Mariana expressa suas emoções em relação a um desses acontecimentos. Como ela se sentiu em relação a ele?

_____

_____

II Diário de Zlata

[...]

Segunda-feira, 23 de setembro de 1991

Não sei mais se falei da tecnologia. É uma matéria nova que a gente começa a ter na sexta série. A professora é Jasmina Turajlić. GOSTEI DELA. A gente aprende sobre a madeira, sua estrutura, sua utilização, bem legal. [...]

Zlata Filipović. *O diário de Zlata: a vida de uma menina na guerra.* São Paulo: Companhia das Letras, 1994. p. 20.

Zlata com 12 anos segurando uma cópia do seu diário, publicado em Sarajevo, Bósnia e Herzegovina, em 1993.

- Em um trecho de seu diário, Zlata usa letras maiúsculas: "GOSTEI DELA". Que sentido esse recurso acrescenta ao texto?

_____

_____

2. Associe as características a cada um dos textos que você leu.

I Diário de Mariana

II Diário de Zlata

☐ Tem a finalidade de registrar fatos e sentimentos significativos da vida de uma pessoa.

☐ Quem escreve é um escritor, autor de literatura.

☐ Tem a finalidade de divertir e emocionar os leitores.

☐ Quem escreve é a pessoa que vive os acontecimentos.

Periscópio

Aqui você encontra sugestões para divertir-se e ampliar seu conhecimento sobre diário pessoal. Você conhece outros diários pessoais? Consulte a biblioteca ou peça sugestões aos amigos e ao professor. Compartilhe suas descobertas com os colegas.

Para ler

Diário das façanhas do lobinho, de Ian Whybrow, São Paulo: Companhia das Letrinhas, 2001.
Um filhote de lobo resolve registrar suas aventuras em um diário para que seus pais possam ler quando acabar o período de hibernação. Trata-se de um lobinho bem legal que nunca vai conseguir se transformar em um verdadeiro lobo mau.

Diário de Pilar na Amazônia, de Flávia Lins e Silva. São Paulo: Pequena Zahar, 2015.
Pilar e seu inseparável amigo Breno querem desvendar os mistérios do passado e acabam indo parar na Amazônia. Lá vivem as mais incríveis aventuras!

Diário de um Banana, de Jeff Kinney. São Paulo: Editora Vergara & Riba, 2008, v. 1.
Greg Heffley conta em seu diário as desventuras de sua vida escolar e o cotidiano e desafios de um adolescente. Em busca de um pouco de popularidade, o garoto se envolve em uma série de situações que procura resolver de maneira muito particular. Confira!

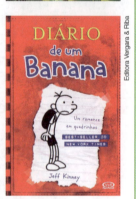

Para assistir

Vida de menina, direção de Helena Solberg, 2003.
Inspirado no livro *Minha vida de menina*, de Helena Morley, o filme retrata o mundo visto pelo olhar de Helena.

Vidas com histórias

1. Observe estas fotografias de três brasileiros que se destacaram durante a vida em alguma atividade.

Tarsila do Amaral, pintora.

Heitor Villa-Lobos, compositor.

Zilda Arns, médica pediatra.

Relacione cada adulto à imagem de quando era criança. Confira se você é bom de fisionomia.

39

Antes de ler

1. De que modo podemos registrar fatos da vida de uma pessoa? Observe:

Página principal do *site* da escritora Ruth Rocha.

a) Você sabe o que é um *site*? Por que a escritora Ruth Rocha tem um *site*?

b) Imagine que você quer conhecer a vida dessa escritora. Em qual dos três ícones coloridos que aparecem na página do *site* você deve clicar?

2. As biografias podem ser consultadas em várias fontes, como *sites* e livros. O livro ao lado é uma biografia escrita para crianças.

a) Você sabe quem é Malala?

b) O que você acha que é uma biografia? E uma autobiografia?

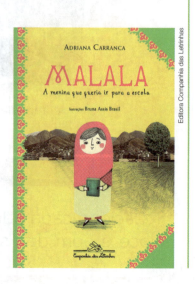

40

Leitura 1

Você vai ler a autobiografia da escritora Tatiana Belinky, publicada ao final de um de seus livros mais famosos, *O caso do bolinho*, escrito em 1990.

Você conhece essa autora?

Por acaso já leu o livro *O caso do bolinho*?

Capa do livro *O caso do bolinho*, de Tatiana Belinky. Moderna, 2012.

Autora e obra

Quando cheguei ao Brasil, em 1929, com meus pais e dois irmãos menores, vinda da Rússia, onde nasci, completara dez anos de idade, e já tinha lido muitos livros e poemas maravilhosos. Um deles, de belos contos russos, trouxe comigo e tenho até hoje...

Aqui, em São Paulo, cresci, estudei, casei com um médico santista e tive dois filhos, cinco netos e três bisnetos – dois meninos e uma menina. Três jovens paulistanos espertos, que gostam de tudo que é bom – inclusive, é claro, de ler livros. Porque ler é pra lá de bom, sabiam?

A escritora Tatiana Belinky ao lado de sua máquina de escrever, 1993.

Eu, que sempre soube isso, nunca parei de ler. E, de tanto ler de tudo, comecei a inventar e a escrever minhas próprias histórias e versos. Isto, além de contar, traduzir e adaptar para a televisão as muitas histórias que eu já conhecia, transformando-as em teleteatro, como "roteirista" de seriados, como, por exemplo, "O Sítio do Picapau Amarelo" – o que fiz durante mais de 12 anos.

E então, certo dia, fui convidada por uma grande editora para escrever uma história para uma série infantojuvenil – e aí, não mais que de repente, quase sem perceber, virei escritora!

Agora, quase vinte anos depois, já tenho uma porção de livros publicados, e muitos outros por publicar. Todos "penúltimos", porque, assim que sai um, quero logo escrever outro – para meu próprio prazer, mas principalmente para a curtição de vocês, queridos leitores!

Pelo menos é o que deseja e espera esta "bisa",

Tatiana Belinky

Tatiana Belinky. *O caso do bolinho*. São Paulo: Moderna, 2012. E-book.

Estudo do texto

1. A palavra **autobiografia** é composta de três elementos: auto, bio e grafia.

a) Pesquise o significado de cada um deles e escreva-os abaixo.

_____

_____

_____

_____

b) Agora responda: Qual é o sentido da palavra **autobiografia**?

_____

_____

_____

2. Quem escreve a autobiografia de Tatiana Belinky?

_____

_____

_____

> **Autobiografia** é o relato de fatos da vida de uma pessoa escrito por ela mesma, em **1ª pessoa**.

3. Sobre a vida de Tatiana Belinky, responda **F** (falso) ou **V** (verdadeiro). Justifique as afirmações falsas.

☐ Tatiana Belinky nasceu na Alemanha, em 1919.

_____

☐ Quando chegou ao Brasil, ela tinha apenas 10 anos de idade.

_____

☐ Ela já tinha o hábito de ler antes de chegar ao Brasil.

_____

☐ O jornalismo foi a profissão em que Tatiana mais se destacou.

_____

4. Releia este trecho do texto:

> [...] Três jovens paulistanos espertos, que gostam de tudo que é bom – inclusive, é claro, de ler livros. Porque ler é pra lá de bom, sabiam?

a) Quem são os "três jovens paulistanos"?

_____

b) A quem a autora se dirige no final do trecho?

_____

5. A palavra "penúltimo" é assim empregada no texto:

> Agora, quase vinte anos depois, já tenho uma porção de livros publicados, e muitos outros por publicar. Todos "**penúltimos**", porque, assim que sai um, quero logo escrever outro [...].

a) Qual é o significado da palavra "penúltimo"?

_____

b) Por que os livros que a autora escrevia eram sempre os "penúltimos"?

_____

6. Releia este trecho:

> Pelo menos é o que deseja e espera esta "**bisa**",

a) Qual é o significado da palavra destacada?

_____

b) No texto, quem é "esta 'bisa'"?

_____

7. Releia o trecho a seguir.

> Eu, que sempre soube isso, nunca parei de ler. E, de tanto ler de tudo, comecei a inventar e a escrever minhas próprias histórias e versos.

Sublinhe as palavras que indicam quem está contando os fatos.

> Na autobiografia, utiliza-se a **1ª pessoa** (**eu**) para falar de si mesmo.

8. Sublinhe, no trecho, as palavras que mostram o uso da primeira pessoa.

> Quando cheguei ao Brasil, em 1929, com meus pais e dois irmãos menores, vinda da Rússia, onde nasci, completara dez anos de idade [...].
> [...] Isto, além de contar, traduzir e adaptar para a televisão as muitas histórias que eu já conhecia [...].

9. Os acontecimentos na vida de Tatiana Belinky são organizados em uma determinada sequência no texto. Numere estes fatos na ordem em que aparecem.

☐ No Brasil, Tatiana se casou com um médico.

☐ Ela foi convidada para escrever histórias infantojuvenis e, desde então, nunca parou de escrever.

☐ Aos 10 anos de idade, ela já tinha lido vários livros.

☐ Tatiana adaptou o roteiro do *Sítio do Picapau Amarelo* para a televisão.

• Como foram organizados os acontecimentos da vida da autora no texto?

_____

> Na **autobiografia**, os fatos podem ser relatados **em ordem cronológica**, isto é, do mais antigo para o mais recente.

10. Em uma autobiografia são apresentadas diversas informações sobre a pessoa que a escreveu.

a) Quais são as principais atividades apresentadas na autobiografia de Tatiana Belinky?

_____

_____

b) Que outras informações são apresentadas além dessas?

_____

_____

_____

c) Em sua opinião, por que nessa autobiografia foi destacada a atividade profissional de Tatiana Belinky?

_____

_____

_____

> A autobiografia pode ter um **foco**, isto é, priorizar informações sobre uma atividade específica da vida do autobiografado.

45

Estudo da língua

Substantivo comum e substantivo próprio

1. Leia um trecho da biografia de um escritor brasileiro.

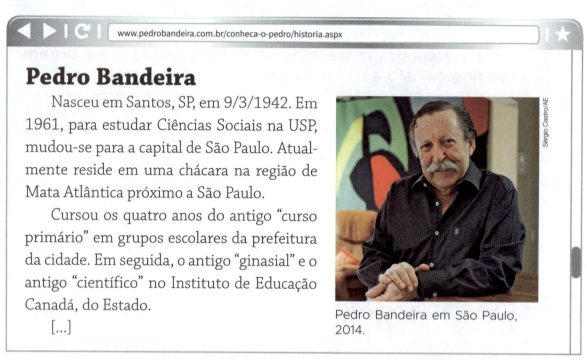

Pedro Bandeira

Nasceu em Santos, SP, em 9/3/1942. Em 1961, para estudar Ciências Sociais na USP, mudou-se para a capital de São Paulo. Atualmente reside em uma chácara na região de Mata Atlântica próximo a São Paulo.

Cursou os quatro anos do antigo "curso primário" em grupos escolares da prefeitura da cidade. Em seguida, o antigo "ginasial" e o antigo "científico" no Instituto de Educação Canadá, do Estado.

[...]

Pedro Bandeira em São Paulo, 2014.

Disponível em: <www.pedrobandeira.com.br/conheca-o-pedro/historia.aspx>. Acesso em: 28 mar. 2017.

a) Complete as lacunas com informações do texto.

- O escritor biografado chama-se _____.
Ele nasceu em Santos e estudou na cidade de _____
_____. A escola onde ele estudou se chama Instituto de
_____. Atualmente ele mora em uma
_____.

b) No item anterior, você completou as frases com **substantivos**. Qual(is) foi(foram) escrito(s) com letra inicial minúscula?

_____

2. Observe os substantivos a seguir.

> Santos   São Paulo   cidade

a) Qual(is) nomeia(m) lugar(es) específico(s)?

_____

b) Qual(is) pode(m) nomear um lugar de forma geral?

_____

c) Qual(is) foi(ram) escrito(s) com letra inicial maiúscula?

_____

Há substantivos que nomeiam lugares e seres de forma genérica, e outros que os nomeiam de forma específica. Observe:

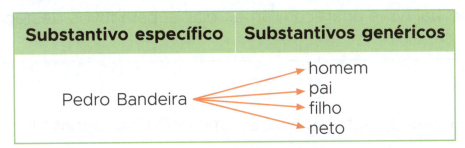

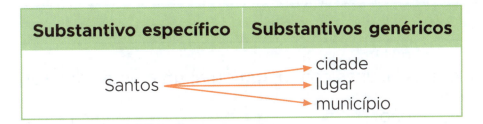

Os substantivos **homem**, **pai**, **filho**, **neto** podem nomear outras pessoas além de Pedro Bandeira. O mesmo ocorre com os substantivos **cidade**, **lugar** e **município**, que podem nomear outros lugares além de Santos. No entanto, **Pedro** e **Santos** são nomes de seres específicos, escritos com letra inicial maiúscula.

> Os **substantivos comuns** nomeiam seres, lugares, objetos etc. de forma genérica.
> Os **substantivos próprios** nomeiam seres, lugares, objetos etc. de forma específica. Eles são sempre escritos com **letra inicial maiúscula**.

47

Gênero do substantivo

1. Leia agora este trecho de uma biografia de Ruth Rocha.

> **Ruth Rocha**
>
> Ruth Rocha nasceu em 2 de março de 1931, em São Paulo. Segunda filha do doutor Álvaro e da dona Esther, ouviu da mãe as primeiras histórias, em geral anedotas de família. Depois foi a vez de Vovô Ioiô incendiar a **cabeça** da neta com os **contos** clássicos dos irmãos Grimm, de Hans Christian Andersen, de Charles Perrault, adaptados oralmente pelo avô baiano ao universo popular brasileiro. [...]

Disponível em: <www.ruthrocha.com.br/biografia>. Acesso em: 28 mar. 2017.

a) Que palavras aparecem antes dos substantivos destacados?

_____

_____

b) Qual desses substantivos é feminino? Qual é masculino?

_____

_____

2. Complete as lacunas com **o**, **um** ou **a**, **uma** antes dos substantivos.

a) _____ pão

b) _____ poema

c) _____ mesa

d) _____ casa

e) _____ copo

f) _____ bola

Em português há dois **gêneros**: o **masculino** e o **feminino**.

São do **gênero masculino** todos os substantivos que podem ser precedidos de **o**, **os**, **um**, **uns**.

São do **gênero feminino** os substantivos que podem ser precedidos de **a**, **as**, **uma**, **umas**.

Atividades

1. Paulo e Amanda precisam escrever uma biografia do cantor e compositor Adoniran Barbosa. Paulo pesquisou na internet e enviou, por meio de um aplicativo, algumas informações a Amanda, a responsável pela escrita da biografia. Veja o texto no aplicativo:

adoniran barbosa, cujo verdadeiro nome era joão rubinato, foi cantor, compositor e humorista. Nasceu em valinhos, são paulo, em 1910. Ainda jovem mudou-se para jundiaí com seus pais, imigrantes italianos da cidade de veneza.
Em 1924 a família foi morar em santo andré, região metropolitana da cidade de são paulo, onde adoniran desempenhou vários trabalhos, como tecelão, pintor de paredes, garçom, serralheiro, entre outros.

Adoniran Barbosa em 1974.

Fontes: <www.ebiografia.com/adoniran_barbosa>; <www.portalsaofrancisco.com.br/biografias/adoniran-barbosa>.
Acessos em: 19 ago. 2017.

a) Quais palavras do texto devem ter a grafia alterada? Justifique.

_____

_____

_____

b) Qual é a diferença entre escrever um texto para enviar a um amigo via aplicativo e escrever um texto para expor no mural da escola?

_____

_____

_____

c) Que substantivos comuns se referem às atividades profissionais de Adoniran Barbosa?

_____

• Em que gênero esses substantivos estão? Por quê?

_____

49

2. Você vai ler um trecho de um texto dramático.

Rosa-Branca e Rosa-Vermelha

[...]

O coro fala, enquanto a mãe borda, sentada na cadeira de balanço, e cada menina rega sua roseira, uma de rosas brancas, outra de rosas vermelhas. Alguma coisa representa uma lareira. Há duas vassouras no canto. [...]

MÃE:

– Quanto frio faz lá fora!

Rosa-Branca, feche a porta.

(*Depois que Rosa-Branca faz de conta que fecha a porta, ouvem-se batidas.*)

CORO:

– Pam! Pam! Pam!

MÃE:

– Alguém bateu com força agora!

Rosa-Vermelha, abra a porta!

ROSA-VERMELHA (*vai depressa abrir, e o urso entra*):

– Ah, é o urso de pelo grosso!

Todo inverno ele fica conosco.

[...]

Ruth Salles. *Teatro na escola – Peças para crianças de 7 e 8 anos.* São Paulo: Peirópolis; Instituto Artesocial, 2007. v. 1, p. 23.

a) No texto dramático há algumas indicações entre parênteses. Com que finalidade elas foram colocadas no texto?

☐ Indicar a fala dos personagens.

☐ Indicar as ações dos personagens.

b) O que as palavras "Pam! Pam! Pam!" representam no texto?

_____

c) Sublinhe no texto os substantivos que indicam os objetos do cenário e o nome das filhas.

d) Classifique os substantivos sublinhados em comuns ou próprios.

_____

50

Agora você vai ler a biografia de Malala Yousafzai, que se tornou mundialmente conhecida por defender o direito das meninas de seu país – o Paquistão – de frequentar a escola. Essa biografia foi publicada no *site* da IKMR (sigla, em inglês, que significa Eu Conheço Meus Direitos) – uma organização não governamental brasileira dedicada à proteção de crianças refugiadas.

Em sua opinião, por que a biografia de Malala foi publicada nesse *site*?

Leia-a junto com o professor.

www.ikmr.org.br/malala-yousafzai-biografia

Malala Yousafzai: biografia

"Uma criança, um professor, um livro e uma caneta podem mudar o mundo."

Malala nasceu em 12 de julho de 1997, em Mingora, a maior cidade do Vale do Swat, região montanhosa e tribal ao noroeste do Paquistão e próxima à fronteira com o Afeganistão. A situação geral da educação no país é de extrema precariedade e, segundo a Organização das Nações Unidas para a Educação, a Ciência e a Cultura (Unesco), o país tem mais de cinco milhões de menores entre 5 e 11 anos que não frequentam a escola, sendo que duas em cada três crianças são meninas. O Paquistão ocupa o terceiro pior posto no índice mundial relativo à igualdade dos sexos no sistema educacional. Na província onde Malala vivia, Khyber Pakhtunkhwa, a taxa de analfabetismo entre as mulheres é superior a 60%.

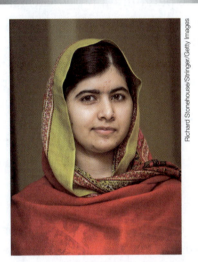

Malala Yousafzai no Instituto Barber de Belas Artes, Birmingham, Inglaterra, 2015.

O pai de Malala, Zia-ud-Din Yousafzai, sempre foi um defensor da educação e transmitiu essa paixão à filha. Segundo amigos, o educador e dono de uma escola mista de ensino médio costumava dizer que, se fosse assassinado por educar crianças, "não haveria forma melhor de morrer".

Pai e filha têm uma relação especial. Era com ela que Yousafzai discutia política, enquanto os outros dois filhos iam dormir. A luta para educar a menina e manter sua escola começou em 2007, quando o Tehrik-i-Taliban (braço paquistanês do Taliban) infiltrou-se em Mingora e, a partir de então, destruiu mais de 400 escolas, baniu as mulheres da vida social, proibindo-lhes o acesso à educação, e aterrorizou a população com execuções públicas e ameaças transmitidas por rádios clandestinas.

Malala mudava o caminho para a escola todos os dias, escondia os livros sob a roupa e não usava mais o uniforme para não chamar a atenção. Em 2009, encorajada por seu pai, começou a escrever o *blog* "Diário de uma estudante paquistanesa" para a BBC urdu, com o pseudônimo Gul Makai, sobre as dificuldades que enfrentava no Vale do Swat sob a égide do Taliban. Sua identidade real tornou-se conhecida através do documentário produzido pelo "The New York Times"[...].

Àquela altura, Malala já havia se tornado um ícone para as meninas da região por defender a educação feminina e criticar abertamente o Taliban, algo que nem os políticos paquistaneses faziam por medo. Malala ganhou prêmios e conseguiu das autoridades melhorias para as escolas da região. Em dezembro de 2011, recebeu do primeiro-ministro Yousaf Paza Gilano o Prêmio Nacional da Paz – rebatizado com seu nome, assim como o colégio onde estudava. Na cerimônia, revelou o desejo de formar um partido político para defender a educação.

Em outubro de 2012, homens armados entraram no ônibus escolar onde viajava e perguntaram por Malala. Quando uma colega de classe apontou para ela, um homem armado atirou em sua cabeça e a bala atravessou o pescoço, instalando-se no ombro. Os tiros também feriram outras meninas que estavam no ônibus. Malala foi levada para a Inglaterra, onde fez uma operação para reconstruir o crânio e restaurar a audição no Queen Elizabeth Hospital.

Recuperada, hoje mora com a família em Birmingham, onde estuda em um colégio só para meninas [...].

Desde o atentado, Malala foi homenageada com diversos prêmios e é a pessoa mais jovem a ser indicada para o Prêmio Nobel da Paz.

[...]

Em 12 de julho de 2013, Malala fez o primeiro discurso público desde o atentado, durante a reunião dos jovens líderes na Assembleia Geral da ONU, em Nova York. A data coincidiu com o seu aniversário de 16 anos e foi oficializada pelo Secretário-Geral da ONU, Ban Ki-moon, como o "Dia Malala", em homenagem aos seus esforços para garantir educação para todos. [...]

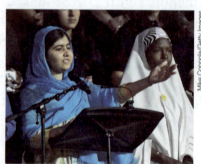

Malala Yousafzai discursa na Assembleia Geral das Nações Unidas (AGNU), Nova York, EUA, 2015.

Compilação da biografia de Malala Yousafzai realizada pela organização I Know My Rights (IKMR). Disponível em: <www.ikmr.org.br/malala-yousafzai-biografia>. Acesso em: 28 mar. 2017.

Égide: proteção, domínio.
Ícone: símbolo.
Taliban ou **Talibã:** grupo político radical islâmico que surgiu no Afeganistão nos anos 1990.
The New York Times: jornal americano da cidade de Nova York (EUA).

Estudo do texto

1. O texto que você leu é uma biografia. Em relação às características desse gênero, responda **V** para verdadeiro e **F** para falso.

    ☐ É um estudo dos seres vivos, seus hábitos e modo de vida.

    ☐ Relata fatos reais e marcantes da vida de uma pessoa ao longo do tempo.

    ☐ Narra uma história com personagens fictícios.

2. A biografia que você leu foi publicada em um *site*. Em que outros lugares ela poderia ser publicada?

    _____
    _____
    _____

3. No primeiro parágrafo, a biografia apresenta o lugar em que a biografada nasceu. O foco dessa apresentação é nas características da:

    ☐ geografia do lugar.

    ☐ educação das meninas nesse lugar.

    ☐ educação em geral nesse lugar.

4. No país onde Malala nasceu, meninos e meninas têm os mesmos direitos? Por quê?

    _____
    _____
    _____
    _____

    Circule um trecho do texto que comprove sua resposta.

53

5. De que forma Malala denunciava o que acontecia com a educação em seu país?

_____

_____

6. Por que Malala se transformou em ícone para as meninas de sua região?

_____

_____

7. Em sua opinião, Malala merece uma biografia que destaque seus feitos? Por quê?

8. Você sabe o que significa ter "direito à educação"? Conhece alguém que esteja sem estudar? Sabe por que isso aconteceu?

9. Leia estes trechos do texto.

> Malala nasceu em 12 de julho de 1997, em Mingora, a maior cidade do Vale do Swat [...].
>
> [...] Em 2009, encorajada por seu pai, começou a escrever o *blog* [...].
>
> [...] Em dezembro de 2011, recebeu do primeiro-ministro Yousaf Paza Gilano o Prêmio Nacional da Paz [...].

Metin Aktas/Anadolu Agency/Getty Images

Crianças brincam na cidade de Mingora, Vale do Swat, Paquistão, 2015.

Localize no texto a expressão que indica:

a) quando Malala nasceu; _____

b) quando ela começou a escrever seu *blog*; _____

c) quando recebeu o prêmio. _____

> As **expressões de tempo** dão precisão aos fatos relatados em uma biografia.

54

10. Observe esta linha do tempo com fatos da vida de Malala como aparecem na biografia.

Como os fatos da vida de Malala foram organizados? Marque a resposta com **X**.

☐ Do mais novo para o mais antigo.

☐ Do mais antigo para o mais recente.

☐ Do mais importante para o menos importante.

> Nas **biografias** geralmente os fatos são organizados **em ordem cronológica**, isto é, do mais antigo para o mais recente.

11. Releia este trecho.

> Malala mudava o caminho para a escola todos os dias, escondia os livros sob a roupa e não usava mais o uniforme para não chamar a atenção. [...]

a) Os fatos são relatados pela própria pessoa ou por outra pessoa?

b) Selecione no trecho duas palavras que comprovam sua resposta ao item **a**.

> Nas biografias, os fatos são relatados por alguém que pesquisou a vida do biografado, ou seja, em **3ª pessoa**.

55

12. Que assunto é o foco nas informações selecionadas para a biografia de Malala? Se preferir, consulte a linha do tempo da atividade **10** para responder.

_____
_____
_____
_____

Em sua opinião, por que a biografia apresenta esse foco e não outro?

_____
_____
_____
_____

> **Biografia** é o relato de fatos de várias fases da vida de uma pessoa. A biografia pode ser oral, escrita ou visual e divulgada por meio de livro, revista, *site*, filme, vídeo, fotografia, texto teatral etc.

O que aprendemos sobre...

Autobiografia e biografia

- São fontes de documentação dos fatos vividos pelas pessoas.
- A autobiografia é a história de vida de uma pessoa relatada por ela mesma, já a biografia é essa história escrita por outra pessoa.
- Mostram principalmente fatos de destaque da vida de uma pessoa em algum campo de atividade.
- Geralmente os fatos são organizados do mais antigo para o mais recente, ou seja, na ordem cronológica.
- Podem ser publicadas em livros, enciclopédias, revistas, jornais, *sites*.

Outra leitura

A personagem Mônica, criada pelo cartunista Mauricio de Sousa, também tem uma biografia. Veja como um portal da internet organizou a linha do tempo com a história dessa personagem quando ela completou 50 anos.

[...]

Disponível em: <http://g1.globo.com/pop-arte/noticia/2013/03/monica-completa-50-anos-hoje-veja-linha-do-tempo-da-personagem.html>. Acesso em: 28 mar. 2017.

1. Você já conhecia a personagem Mônica? Que fatos foram novidade para você?

2. Marque com **X** a afirmação correta.

☐ O texto apresenta linguagem visual, nas tiras, ilustrações e fotos.

☐ O texto apresenta tanto a linguagem visual quanto a verbal.

☐ O texto apresenta apenas a linguagem verbal.

3. Observe a organização do texto (verbal e não verbal) na linha do tempo.

a) A apresentação dos fatos é parecida com a de uma biografia? Explique.

_____

b) Em que tipo de organização de texto predomina a linguagem visual?

☐ Na linha do tempo.   ☐ Na biografia.

Produção de texto

Biografia

Você conheceu a autobiografia de uma escritora e a biografia de uma menina que lutou pelos direitos das crianças à educação.

Agora é sua vez de escrever a biografia de um escritor, artista, cientista ou outra pessoa de destaque em alguma atividade humana. Para isso, faça uma pesquisa em revistas, jornais e *sites*, de acordo com as orientações do professor.

Depois, sua turma organizará uma coletânea com as pessoas mais admiradas no grupo para apresentá-la no mural que será confeccionado na seção **Construir um mundo melhor**.

Planejamento e escrita

1. Os seguintes aspectos podem orientar a pesquisa sobre quem você escolheu para biografar: nome completo; data de nascimento; lugar onde nasceu; nome e profissão dos pais; ano de entrada e de saída da escola; onde estudou e se formou; atividade que exerce; quando iniciou a carreira; maiores sucessos (se for o caso); se ganhou prêmios, quais foram e por qual obra; curiosidades sobre o biografado.

2. Anote todas as informações pesquisadas.

3. Escreva a biografia de seu artista preferido.

Revisão

1. Depois de concluída a biografia, verifique se ela apresenta todos os dados que você pesquisou.

2. Troque seu texto com o de um colega (ou dupla, se for o caso) e, em seguida, verifique se ele:
   - colocou as informações pedidas no roteiro de pesquisa;
   - escreveu a biografia do fato mais antigo para o mais recente;
   - colocou informações sobre o biografado;
   - fez a concordância entre artigo e substantivo, em relação a gênero e número;
   - usou letra maiúscula nos nomes próprios.

3. Escreva um comentário sobre o texto para o colega baseado nas orientações de revisão.

4. Troque novamente o texto com ele (ou com a dupla, se for o caso).

Reescrita e apresentação

Com a biografia comentada, reescreva seu texto. Se possível, utilize nesta etapa os recursos tecnológicos disponíveis na escola. Sugestões:
- usar um programa de edição de textos para digitar a biografia;
- pesquisar na internet uma fotografia da pessoa biografada e usá-la para compor a página da biografia.

Decida, junto com a turma, como serão a capa e o formato da coletânea de biografias (apresentação, sumário com nome de todos os biografados e dos autores dos textos etc.).

Depois de pronta, a coletânea de biografias será apresentada no mural produzido na seção **Construir um mundo melhor**.

60

Estudo da escrita

Sílaba tônica

1. Leia este poema do poeta mineiro Sérgio Capparelli.

Relâmpago

O meu cachorro Relâmpago
Acordou-se com sarampo.

Veio a dona Manuela:
Deve ser varicela!

Veio a dona Dora:
Para mim, catapora!

E a dona Fabíola:
Mais parece varíola.

Por fim, a veterinária:
Acho tudo um disparate,
Pois o cachorro se manchou
Foi com molho de tomate!

Sérgio Capparelli. *111 poemas para crianças*. Porto Alegre: L&PM, 2009. p. 40.

a) Que palavras do poema rimam com "Manuela"? E com "Dora"?

_____

b) Releia em voz alta estas palavras retiradas do poema. Depois, separe as sílabas e sublinhe a sílaba pronunciada com mais força em cada palavra.

- disparate _____
- tomate _____

c) Localize no texto e copie outros dois pares de palavras que rimam.

_____

61

d) Sublinhe nestas palavras a sílaba mais forte.

- relâmpago
- Fabíola
- sarampo
- varíola

> Em uma palavra, a sílaba pronunciada com mais intensidade é chamada de **sílaba tônica**.

Classificação quanto à sílaba tônica

Para encontrar a posição da sílaba tônica de uma palavra devemos contar as sílabas da direita para a esquerda. Veja:

Palavra	Separação silábica	Sílaba mais forte	Posição da sílaba mais forte		
			Antepenúltima	Penúltima	Última
varicela	va ri ce la antepenúltima penúltima última	ce		X	

Em **varicela**, a sílaba mais forte é a penúltima. No entanto, a **sílaba tônica** de uma palavra pode ser também a última ou a antepenúltima.

1. Reúna-se com um colega, leiam as palavras do quadro em voz alta, separem as sílabas e localizem a sílaba tônica de cada uma.

Palavra	Separação silábica	Sílaba mais forte	Posição da sílaba mais forte		
			Antepenúltima	Penúltima	Última
Manuela					
Relâmpago					
manchou					
molho					

Veja este quadro com a classificação das palavras de acordo com a sílaba tônica.

Separação silábica	Posição da sílaba tônica	Classificação
a-cor-**dou**	última	oxítona
va-ri-**ce**-la	penúltima	paroxítona
va-**rí**-o-la	antepenúltima	proparoxítona

Ditongo

1. No poema a seguir, Sérgio Capparelli apresenta uma profissão muito antiga. Leia o poema para conhecê-la.

Tecelagem

Fiandeira, por que fias?
Fio fios contra o frio.
Fiandeira, pra quem fias?
Fio fios pros meus filhos.
Fiandeira, com que fias?
Com fieiras de três fios.

Sérgio Capparelli. *111 poemas para crianças*. Porto Alegre: L&PM, 2009. p. 110.

Fiandeira: mulher que tece, faz fios com algodão, lã etc.
Fieira: agulha por onde se passa material para fiar, tecer.

a) Que consoante se repete várias vezes no poema?
_____

b) Que outros sons se repetem no poema?
_____

c) Leia em voz alta o poema. O que a repetição da mesma consoante provoca?
_____
_____

d) Observe estas palavras.

fio	frio	filhos	fios

- Quais vogais fazem parte de todas essas palavras? E quais consoantes?

_____

- Que mudanças na escrita alteraram também o significado da palavra "fio"?

_____

_____

_____

- Quais dessas palavras têm apenas uma sílaba?

_____

_____

- Qual(is) palavra(s) tem/têm duas sílabas ou mais? Separe as sílabas dela(s).

_____

- Em qual dessas palavras duas vogais ficaram juntas na mesma sílaba?

_____

- Localize no poema mais uma palavra que apresenta duas vogais juntas.

_____

> - Quando duas ou mais vogais aparecem juntas nas palavras, temos um **encontro vocálico**.
> - Quando duas vogais ficam na mesma sílaba, temos um **ditongo**. Exemplos:
> m**ei**-o, pas-t**éi**s, his-tó-r**ia**, na-ta-**ção**

64

Atividades

1. Leia estas palavras em voz alta. Depois, separe as sílabas e circule as tônicas.

a) cachorro _____

b) música _____

c) campeão _____

2. De acordo com a sílaba tônica, qual das palavras da atividade anterior é:

a) oxítona?

_____

b) paroxítona?

_____

c) proparoxítona?

_____

3. Releia este trecho do *Blog* do Lelê, apresentado na Unidade 1, em que ele teria sua primeira aula de natação. Localize cinco palavras com ditongo.

> "É. Já posso entrar na piscina?", eu perguntei. E eu estava mesmo com a maior vontade de pular na água para estrear a minha roupa oficial de nadador.
>
> Só que nessa hora deu um trovão bem grande, daqueles que fazem brrrruuuummm! E aí a tia Nilce falou: "Xi, com trovão não tem treino na piscina, porque é perigoso. Todo mundo para o ginásio."

Vanessa Prezoto

_____

_____

_____

Retomada

1. Leia esta pequena biografia de um famoso cartunista brasileiro.

Mauricio de Sousa é um dos mais famosos cartunistas brasileiros e criador da "Turma da Mônica".

Nasceu em 1935, na cidade de Santa Isabel, interior de São Paulo. Quando ainda era um bebê, sua família mudou-se para a cidade de Mogi das Cruzes, onde o garoto passou a infância. Desde cedo já gostava de desenhar na escola, chegando, inclusive, a ilustrar cartazes para os comerciantes da região de Mogi das Cruzes.

Quando completou 19 anos mudou-se com sua família para São Paulo, onde dividia seu tempo entre os estudos e trabalhos diversos, inclusive como ilustrador. Trabalhou como repórter policial no jornal *Folha da Manhã* durante cinco anos.

Em 1959, lançou sua primeira tirinha nesse mesmo jornal, com os personagens Bidu e Franjinha. Em 1963, Mauricio de Sousa criou seu personagem mais conhecido: a Mônica, inspirado em sua filha.

Fontes: <www.ebiografia.com/mauricio_de_sousa/>; <www.tvsinopse.kinghost.net/art/m/mauricio-de-sousa.htm>. Acessos em: 19 ago. 2017.

a) Quem é o biografado?

_____

b) Em que atividades ele se destaca?

_____

c) Em que ordem os fatos são relatados na biografia?

_____

d) Circule no texto duas expressões que indicam tempo.

e) Copie um trecho da biografia que comprova que ela foi escrita em 3ª pessoa.

_____

_____

f) Quais substantivos próprios no texto nomeiam pessoas e lugares?

_____

_____

g) Quais substantivos comuns nomeiam as profissões de Mauricio de Sousa?

_____

2. Releia este trecho da biografia.

> Em 1959, lançou sua primeira tirinha nesse mesmo jornal, com os personagens Bidu e Franjinha. Em 1963, Mauricio de Sousa criou seu personagem mais conhecido: a Mônica, inspirado em sua filha.

Agora, localize e escreva:

a) duas palavras oxítonas;

_____

_____

b) duas palavras paroxítonas;

_____

_____

c) uma palavra proparoxítona.

_____

Construir um mundo melhor

Fazendo a diferença

Nesta unidade você conheceu a ativista Malala e sua contribuição para a educação no país onde nasceu.

Que outras pessoas contribuem para um mundo melhor, em setores como educação, saúde e saneamento básico? Ou se dedicam a erradicar a fome, o racismo e a intolerância? Vamos conhecer algumas delas!

Malala recebendo o Nobel da Paz, em Oslo, Noruega, 2014.

O que fazer

1. Pesquisar pessoas que fazem a diferença no Brasil e no mundo e apresentar informações sobre elas num mural para toda a comunidade escolar.
2. Juntar a essa apresentação a antologia de biografias elaborada na seção **Produção de texto**.
3. Expor oralmente seu trabalho.

Com quem fazer

Forme um grupo com mais três amigos; sigam as orientações do professor.

Como fazer

Pesquisar

1. Cada grupo escolhe duas personalidades para pesquisar – uma brasileira e uma estrangeira –, pessoas que fizeram algo para transformar o mundo num lugar melhor.
2. Para ajudar a compor as minibiografias das personalidades escolhidas, sigam este roteiro de pesquisa:

68

- Nome da pessoa, data de nascimento e morte (se for o caso).
- Onde ela nasceu.
- Onde estudou, quando estudou, em que se formou.
- O que fez de importante para o mundo e quando.
- Como modificou a vida de outras pessoas.

3. Organizem as informações em fichas. Lembrem-se de que vocês não produzirão textos extensos, e sim apresentarão em um mural os dados levantados.

4. Façam um minitexto sobre as duas pessoas pesquisadas com foco no que elas fizeram para melhorar o mundo.

5. Selecionem fotografias de cada uma e de situações que ilustrem o que fizeram de relevante. Essas fotografias serão expostas no mural.

Expor

1. No local reservado para a exposição, cada equipe vai organizar seu trabalho, mas lembrem-se de que o mural será de toda a turma. E não se esqueçam de reservar um espaço para a coletânea de biografias da turma.

2. Algumas sugestões:
   - digitar o texto em letras grandes;
   - apresentar imagens dos biografados e do lugar onde eles viveram;
   - identificar em um mapa-múndi, com alfinetes ou adesivos, o lugar onde os pesquisados nasceram etc.

Apresentar

1. Decidam com o professor o integrante do grupo que ficará responsável pelos itens da apresentação.

2. Pensem em como convidar o público para a apresentação.

3. Os membros do grupo também podem se revezar para apresentar a pesquisa aos visitantes.

Avaliar

Depois da apresentação, a turma avaliará como foi fazer o trabalho, o que considerou bom, o que poderia ser melhor e o que aprendeu das pessoas que fazem a diferença no mundo.

Periscópio

Aqui você encontra sugestões para divertir-se e ampliar seu conhecimento sobre biografia. Você conhece outras biografias? Consulte a biblioteca ou peça sugestões aos amigos e ao professor. Compartilhe suas descobertas com os colegas.

Para ler

A história de Chico Mendes para crianças, de Fátima Reis. São Paulo: Prumo, 2009.
Biografia do ativista Chico Mendes, um homem que lutou para preservar a Amazônia e os povos que vivem na floresta.

Um fotógrafo diferente chamado Debret, de Mércia Maria Leitão e Neide Duarte. São Paulo: Editora do Brasil, 2015.
Este livro apresenta a vida e a obra de Jean-Baptiste Debret, um pintor francês que chegou no Brasil em 1816 e registrou a sociedade brasileira naquela época.

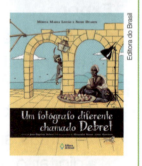

Mandela: o africano de todas as cores, de Alain Serres. São Paulo: Pequena Zahar, 2013.
Biografia de Nelson Mandela, um homem respeitado no mundo todo por sua luta contra o *apartheid* (sistema de segregação racial e social) na África do Sul.

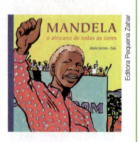

Para assistir

Estrelas além do tempo, direção de Theodore Melfi, 2017.
Filme biográfico que conta a trajetória de três mulheres brilhantes: as matemáticas Katherine Johnson e Dorothy Vaughn e a engenheira Mary Jackson. Elas trabalharam na Nasa e foram "o cérebro" de uma das maiores conquistas da corrida espacial na década de 1960.

UNIDADE 3

Histórias de sempre

As ilustrações a seguir se referem a elementos mágicos, presentes em histórias famosas da literatura mundial.

1. A que história cada um destes elementos está relacionado? Quem é o personagem principal de cada uma?

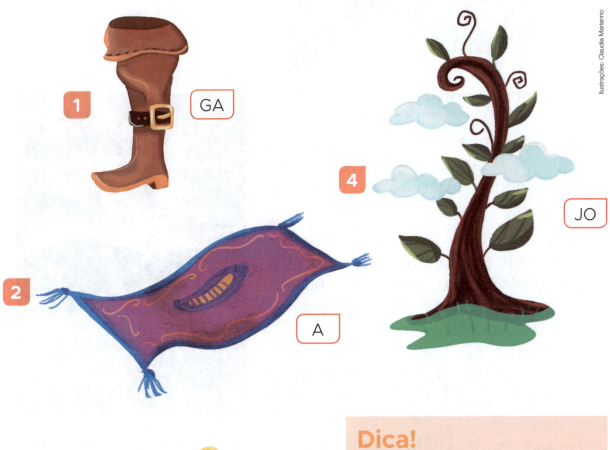

Dica!

A primeira sílaba do nome do personagem já está dada. Agora ficou fácil!

Antes de ler

Na página anterior, você descobriu o nome de alguns contos maravilhosos. Mas... o que faz um conto ser maravilhoso?

A saída dos Polo de Veneza. Miniatura do *Livro das maravilhas do mundo*, de Marco Polo e Rustichello. França, século XV.

Os contos maravilhosos têm origem na tradição oral. Muitas dessas histórias chegaram à Europa a partir do século XIII, trazidas do Oriente por viajantes como Marco Polo, um mercador italiano.

Os contos mais famosos foram reunidos no livro *As mil e uma noites*. Entre eles, estão: "Simbad, o marujo"; "Aladim e a lâmpada maravilhosa"; "Ali Babá e os quarenta ladrões".

Miniatura de um manuscrito do livro *As mil e uma noites*. Turquia, século XIX. Aladim em um tapete mágico sobre a cidade de Istambul.

Na Europa, os irmãos Grimm recolheram várias histórias da tradição oral. Muitas delas apresentavam os elementos mágicos que caracterizam o gênero conto maravilhoso.

1. Você já ouviu ou leu algum conto maravilhoso? Se sim, conte-o a seus colegas e diga o nome dos personagens.

72

Leitura 1

O conto maravilhoso que você vai ler foi registrado em livro pelos irmãos Grimm e narra a história de um sapateiro. Personagens mágicos, conhecidos como elfos, surgem na narrativa e modificam a vida desse homem.

Leia o início do conto e responda: Como você imagina que os elfos poderiam ajudar o sapateiro?

Os elfos

Era uma vez um sapateiro que, a despeito de seus esforços, ficou tão pobre que tudo que lhe restou foi apenas um pedaço de couro para um par de sapatos. Ele os cortou à noite, para trabalhar neles na manhã seguinte. E, como tinha a consciência tranquila, deitou-se silenciosamente na cama, rezou e adormeceu. No outro dia, após fazer suas orações matinais e prestes a entregar-se ao trabalho, ele encontrou o par de sapatos prontos em sua mesa. Ficou espantado e, sem saber o que pensar, pegou os sapatos para examiná-los mais de perto. E eles eram tão bem-feitos que cada costura estava em seu lugar, como se tivessem sido obra de um mestre no ofício.

Um cliente entrou na loja e, após os sapatos lhe servirem bem, pagou por eles mais do que o preço regular. Assim o sapateiro ganhou dinheiro suficiente para comprar couro para fabricar mais dois pares de sapato. Ele os cortou à noite e pretendia começar o trabalho na manhã seguinte com o espírito renovado. Mas isso não aconteceu, porque ao se levantar os sapatos estavam prontos, e não faltaram clientes. Eles deram tanto dinheiro ao sapateiro que ele conseguiu comprar couro para quatro novos pares. Cedo, na manhã seguinte, ele encontrou os quatro pares prontos, e assim continuou a acontecer. O que ele cortasse à noite estava pronto pela manhã, de modo que logo ele começou a melhorar de vida, e finalmente ficou rico.

Uma noite, perto do Natal, quando o sapateiro havia terminado os cortes, e antes de ir para casa, ele disse à sua esposa:

– Que tal ficarmos acordados esta noite e descobrirmos quem faz todo o serviço?

A esposa concordou e acendeu uma vela. Então os dois se esconderam no canto do cômodo, atrás de alguns casacos que estavam pendurados, e começaram a observar. À meia-noite eles viram entrar dois homenzinhos sem roupa, que se sentaram diante da mesa do sapateiro, apanharam o material que já estava preparado e começaram a coser, a perfurar e a martelar tão hábil e rapidamente com seus dedinhos que o sapateiro quase não conseguia acompanhá-los com os olhos, tamanho era seu encantamento. E eles não pararam até que tudo estivesse pronto na mesa e então foram embora correndo.

Na manhã seguinte, a esposa do sapateiro disse:

– Nós enriquecemos graças àqueles homenzinhos e precisamos expressar nossa gratidão. Com todo esse vaivém e sem terem nada com que se cobrir, eles devem passar muito frio. Já sei. Vou fazer pequenas blusas, casacos, coletes e calças para eles, e costurarei um par de meias para cada um deles, enquanto você fará um par de sapatos para cada um deles.

O marido concordou de bom grado, e à noite, quando o trabalho havia acabado, eles colocaram na mesa os presentes, em vez do material para fazer sapatos, e se esconderam para observar a reação dos homenzinhos. À meia-noite, eles entraram apressados, prontos para começar o trabalho. Ao encontrarem as pequenas vestes em vez dos pedaços preparados de couro, ficaram paralisados por um momento, tamanha a surpresa, e então se encheram de enorme alegria. Com a maior rapidez, pegaram os trajes e os vestiram, cantando:

Somos rapazes bem-vestidos e elegantes
De sapateiros não temos nem mais o semblante.

Então comemoraram, pulando sobre mesas e cadeiras, e finalmente saíram dançando porta afora.

Desde então eles nunca foram vistos novamente. Mas, até o dia de sua morte, tudo deu certo para o sapateiro e tudo o que tomou em suas mãos prosperou.

Elfo: criatura mágica do folclore presente nas histórias de tradição oral da Grã-Bretanha e de países como Noruega e Suécia.
Semblante: aparência, fisionomia.

Irmãos Grimm. *Once upon a time: uma antologia de contos de fadas.* Tradução de Elisa Campos. São Paulo: Planeta, 2014. E-book.

SOBRE OS AUTORES

Jacob e Wilhelm Grimm foram folcloristas, filólogos e estudiosos da língua e da mitologia germânica. Os irmãos coletaram narrativas maravilhosas, lendas e fábulas diretamente da tradição oral. Entre seus contos mais famosos estão: *Branca de Neve*, *A Bela Adormecida*, *Chapeuzinho Vermelho*, *A Gata Borralheira* e *Os músicos de Bremen*.

Estudo do texto

1. Os contos maravilhosos foram passados de geração a geração, até chegar aos dias de hoje.

   a) Como as pessoas têm contato com os contos maravilhosos atualmente?

   _____

   _____

   b) Atualmente, em que lugares podemos ouvir pessoas contando histórias?

   _____

   _____

2. Observe a expressão "Era uma vez..." no início do conto, muito comum nos textos de tradição oral. A que tempo ela se refere? Marque **X** na alternativa correta.

   ☐ A um tempo determinado do passado.

   ☐ A um tempo indeterminado do passado.

3. Observe as expressões retiradas do texto.

   | na manhã seguinte | à noite | no outro dia |

   a) O que essas expressões indicam?

   _____

   b) Elas têm o mesmo sentido de "Era uma vez..."? Explique.

   _____

   _____

4. Alguns acontecimentos vão mudando a vida do sapateiro.

   a) Qual era seu principal problema no início do texto?

   _____

76

b) Marque **X** nas características do sapateiro no começo da história.

- ☐ rico
- ☐ pobre
- ☐ triste
- ☐ preguiçoso
- ☐ religioso
- ☐ trabalhador

c) Que característica não se manteve no fim da história? Por quê?

_____

5. Cite duas características dos elfos que foram importantes para modificar a vida do sapateiro.

_____

_____

6. Em um conto há uma sequência de ações que formam o enredo: a **situação inicial**, o **conflito**, a **resolução do conflito** e a **situação final**. Complete o esquema a seguir com informações do texto.

I Como era a vida do sapateiro no início?

II Qual era o conflito do personagem principal?

_____

_____

III Como esse conflito foi resolvido?

IV Como ficou a vida do sapateiro no fim da história?

_____

_____

77

7. Nos contos maravilhosos há um elemento mágico que produz uma transformação no enredo da história.

a) Quais são os elementos mágicos deste conto?

_____

b) Por que eles são considerados mágicos?

_____

_____

_____

_____

c) Que transformação os elementos mágicos causaram na vida do sapateiro?

_____

_____

_____

8. Releia a primeira frase do conto.

a) A expressão "a despeito de" estabelece uma relação entre o esforço do sapateiro e o resultado de sua ação, que é a pobreza. Circule a expressão que indica essa relação:

• junção de ideias.   • oposição de ideias.   • finalização de ideias.

b) Qual das expressões a seguir substitui a expressão destacada no trecho, mantendo o mesmo sentido? Marque-a com **X**.

☐ por causa de   ☐ apesar de   ☐ e com

9. Segundo o texto, os homenzinhos costuraram os sapatos como se fossem uma "obra de um mestre no ofício". As palavras **obra** e **mestre** expressam, em relação ao modo como os elfos trabalharam, um significado:

☐ positivo.   ☐ muito positivo.

☐ negativo.   ☐ muito negativo.

10. Explique, com suas palavras, a expressão "obra de um mestre no ofício". Se necessário, pesquise em um dicionário o significado de **ofício**.

_____

11. Como passou a ser a vida do sapateiro depois da visita dos homenzinhos? Marque **X** na alternativa correta.

☐ Ele passou a ter sorte e progrediu na vida.

☐ Ele continuou trabalhando muito em sua loja.

☐ Ele morreu pouco depois.

12. O sapateiro e sua mulher procuraram demonstrar gratidão pela ajuda que os elfos lhes deram, confeccionando roupinhas e sapatos para eles. Como os homenzinhos reagiram a essa atitude do casal? Escolha um trecho do texto como resposta.

_____

_____

_____

O que aprendemos sobre...

Conto maravilhoso

- Tem origem na tradição oral, vindo depois a ser publicado em livros.
- O personagem sofre uma transformação em sua vida.
- Há um elemento mágico (objeto, ser) que ajuda na transformação.
- As histórias se passam em um tempo não determinado do passado.
- São partes do enredo (sequência de ações):
  – **situação inicial**: apresentação dos fatos iniciais e dos personagens;
  – **conflito**: apresentação do conflito, do problema que o personagem terá de resolver;
  – **resolução do conflito**: quando o problema se resolve;
  – **situação final**: como fica o personagem depois da resolução do conflito.

Giramundo

Ilustrações de contos maravilhosos

Os livros em que os contos maravilhosos são publicados muitas vezes são ilustrados. Um artista é convidado a traduzir em imagens as cenas descritas nas histórias.

Observe três ilustrações do conto "Os elfos", produzidas em épocas diferentes.

Walter Crane, em 1886.

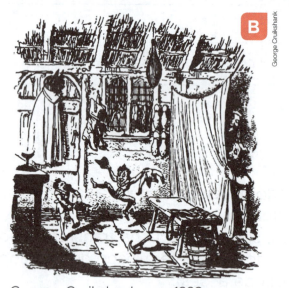

George Cruikshank, em 1823.

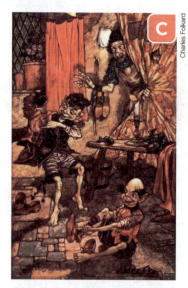

Charles Folkard, em 1911.

1. A que momento do conto as ilustrações se referem?

2. Agora é sua vez de ilustrar, em uma folha avulsa, uma cena em que os elfos aparecem. Que cena do texto você escolhe? Quais características dos elfos você vai representar?

Oralidade

Lembrando histórias e contadores

Como você viu, os contos maravilhosos têm origem na tradição oral. Os avós contam as histórias que aprenderam a seus netos, ou seja, os mais velhos contam histórias aos mais jovens. Por isso, podemos dizer que os contos viajam no tempo e também no espaço.

Os viajantes levam suas versões das histórias para novos lugares. E, como diz o ditado, "Quem conta um conto aumenta um ponto...". Assim, podemos encontrar um mesmo conto com pequenas variações, dependendo do lugar onde ele é narrado e ouvido.

Quando as histórias tradicionais passaram a ser registradas em livros, sofreram novas alterações. As de Aladim, por exemplo, existem há muitos anos. Já pensou quantas pessoas contaram e ouviram diferentes versões das histórias ao longo do tempo?

Contar histórias é uma forma de manter a tradição de nossos antepassados.

Reúna-se em grupo, conforme a orientação do professor, e converse com os colegas sobre as questões a seguir.

1. Você tem algum parente ou conhecido que conta histórias? Quem é ele?

2. Você já viu em algum programa de televisão um contador de histórias? Como ele contou a história: usou objetos, instrumentos musicais, reproduziu sons? Você percebeu a entonação, o ritmo da fala dele?

3. Você se lembra de alguma história que ouviu? Onde a escutou?

4. Conte aos colegas do grupo uma história que você ouviu alguém contar. Depois, o grupo escolhe a história de que mais gostou para narrá-la para toda a turma. Prepare sua fala em casa para que, na hora da apresentação, a história seja contada com emoção e sua voz seja ouvida por todos.

Estudo da língua

Adjetivo e locução adjetiva

1. Leia a frase inicial do conto maravilhoso "Ali Babá e os quarenta ladrões" em duas versões e responda às questões.

I Numa cidade, vivia um homem chamado Ali Babá.

II Numa distante cidade do Oriente, vivia um homem bom e justo, chamado Ali Babá. [...]

As mil e uma noites. In: São Paulo (Estado). Secretaria da Educação. *Ler e escrever: livro de textos do aluno*. Seleção dos textos de Claudia Rosenberg Aratangy. 3. ed. São Paulo: FDE, 2010. p. 116.

a) Qual é a diferença de sentido entre essas duas versões?

_____

_____

b) Que função têm as palavras que foram acrescentadas à versão II? A que termos essas palavras se referem?

_____

_____

2. Leia a continuação desse conto maravilhoso e responda às questões.

Ali Babá e os quarenta ladrões

[...]

Ali Babá era muito pobre. Morava numa tenda, entre um vasto deserto e um grande oásis.

Para sustentar a mulher, Samira, e os quatro filhos, Ali Babá oferecia seus serviços às caravanas de mercadores que passavam por ali. Estava sempre pronto para cuidar dos camelos, lavá-los, escová-los e dar-lhes água e alimento.

[...]

As mil e uma noites. In: São Paulo (Estado). Secretaria da Educação. *Ler e escrever: livro de textos do aluno*. Seleção dos textos de Claudia Rosenberg Aratangy. 3. ed. São Paulo: FDE, 2010. p. 116.

82

a) Como o texto caracteriza Ali Babá?

_____

b) Observe as palavras "vasto" e "grande". A que substantivos elas se referem?

_____

_____

No trecho do conto há várias palavras que se referem a substantivos destacando suas características. Por exemplo, sabemos de algumas qualidades de Ali Babá e algumas características do lugar onde ele vive. Sabemos também como era a situação econômica de Ali Babá.

> As palavras que caracterizam os substantivos, particularizando-os, são denominadas **adjetivos**.

Veja os exemplos:

- **vasto** deserto
- **grande** oásis

Locução adjetiva

Um conjunto de palavras também pode exercer a função de adjetivo. Veja os exemplos.

- caravanas **de mercadores**
- cidade **do Oriente**

A palavra **caravanas** é caracterizada por uma expressão formada por uma preposição (de) e por um substantivo (mercadores). A palavra **cidade** é caracterizada pela expressão formada por uma preposição (do) e por um substantivo (Oriente).

> O conjunto de palavras que caracteriza o substantivo, exercendo a função de adjetivo, recebe o nome de **locução adjetiva**.

As locuções adjetivas muitas vezes podem ser substituídas por um adjetivo que expressa a mesma ideia. Veja alguns exemplos.

Locução adjetiva	Adjetivo
cidade **do Ocidente**	cidade **ocidental**
história **do Oriente**	história **oriental**
luz **do Sol**	luz **solar**
almoço **de família**	almoço **familiar**
ondas **do mar**	ondas **marítimas**

Atividades

1. O conto "O gato de botas" é a história de um jovem que recebe um gato como herança e não sabe o que fazer com ele. Leia um trecho.

O gato de botas

[...]

Este último, nada satisfeito com o que lhe coubera, resmungou: "Meus irmãos sobreviverão honestamente. Mas e eu? O que vou fazer? Talvez possa jantar o gato e com o couro fazer um tamborim. Mas e depois?".

O gato logo endireitou as orelhas, querendo ouvir melhor um assunto de tamanho interesse. Então, percebendo que precisava agir, foi dizendo:

– Não se desespere, patrãozinho, pois eu tenho um plano. Consiga-me um par **de botas** e um saco **de pano** e deixe o resto comigo.

O jovem achou que valeria a pena tentar; afinal, o gato parecia inteligente e astuto. Deu-lhe então um saco e um par de botas, desejou-lhe muito boa sorte e deixou-o partir.

[...]

Irmãos Grimm. In: São Paulo (Estado). Secretaria da Educação. *Ler e escrever: livro de textos do aluno*. Seleção dos textos de Claudia Rosenberg Aratangy. 3. ed. São Paulo: FDE, 2010. p. 72.

a) Como o jovem se sentiu ao receber o gato como herança?

_____

b) Por que o gato tinha interesse na fala do jovem rapaz?

_____

_____

c) Que qualidades o gato parecia ter que fizeram com que o jovem acreditasse nele?

_____

d) Qual é a função das palavras destacadas no texto?

_____

_____

2. Releia um trecho do conto "Os elfos":

> Era uma vez um sapateiro que [...] ficou tão **pobre** que tudo que lhe restou foi apenas um pedaço de couro para um par de sapatos. [...] No outro dia, após fazer suas orações matinais e prestes a entregar-se ao trabalho, ele encontrou o par de sapatos **prontos** em sua mesa. Ficou **espantado** e, sem saber o que pensar, pegou os sapatos para examiná-los mais de perto. E eles eram tão **bem-feitos** que cada costura estava em seu lugar, como se tivessem sido obra de um mestre no ofício.

a) Entre os adjetivos destacados:

• quais apresentam características do sapateiro?

_____

• quais estão relacionados ao substantivo "sapatos"?

_____

b) Em "orações matinais", qual é o sentido do adjetivo matinais?

_____

c) A que substantivos estão relacionadas as seguintes locuções adjetivas?

- de couro
- de sapatos
- de um mestre

_____   _____   _____

3. Leia os títulos dos livros e identifique o local de origem dos contos neles publicados.

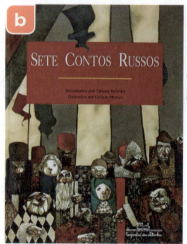

_____   _____   _____

4. A bibliotecária encontrou alguns livros e quer organizá-los na estante por nome de país de origem das histórias e em ordem alfabética.

a) Ajude-a a identificar a que país pertence cada livro.

_____

b) Em que sequência os livros devem ser colocados na estante?

_____

_____

86

Conto maravilhoso

Agora é a sua vez de produzir um conto maravilhoso!

No dia combinado com o professor, em uma atividade em grupos, você apresentará seu texto aos colegas.

Planejamento

Siga este roteiro para ajudá-lo a planejar sua história.

- Onde a história acontece?
- Quem é o personagem principal? Quais são suas características? Você pode usar adjetivos ou locuções adjetivas para caracterizá-lo.
- Como é a vida do personagem principal no início do conto? Que problema ele enfrenta?
- Que elemento(s) mágico(s) – ser ou objeto – vai (vão) ajudá-lo a mudar de vida? Veja algumas sugestões. Você pode escolher mais de um elemento.

Caixa mágica. Anel mágico. Varinha mágica. Mago. Duende. Tapete voador. Fada. Gênio da lâmpada.

Ilustrações: Claudia Mariano

- Como o problema do personagem principal será resolvido?

87

Escrita

Este é o momento de escrever sua história! Com certeza você já tem todas as informações de que vai precisar. Lembre-se de que o problema do personagem principal deve ser resolvido de maneira mágica.

Não se esqueça de dar um título ao conto. Preste atenção à pontuação dos diálogos.

Revisão

1. Agora é hora de reler o conto e avaliar se há alguma modificação a ser feita. Troque seu texto com o de um colega e verifique se o texto dele apresenta:

   • os personagens caracterizados por meio de adjetivos e locuções adjetivas;

   • um problema a ser resolvido;

   • elemento mágico (ser, objeto) que ajuda na resolução do conflito;

   • a solução do problema;

   • pontuação para indicar a fala dos personagens nos diálogos.

2. De acordo com sua análise, escreva um comentário no caderno do colega sugerindo modificações.

Reescrita e apresentação

Leia mais uma vez seu conto, prestando atenção à escrita das palavras e à pontuação.

Com base na sua avaliação e nas sugestões dadas pelo colega, reescreva os trechos que você decidiu modificar.

No dia combinado com o professor, apresente seu texto ao grupo. Para se preparar para a apresentação, leia o texto em voz alta em casa.

No dia da apresentação, a classe estará organizada em grupos de quatro alunos. Cada um lerá seu conto em voz alta para o grupo e os colegas poderão fazer comentários sobre o texto lido.

Estudo da escrita

Acentuação das palavras monossílabas e oxítonas

1. Leia mais um trecho do conto "Ali Babá e os quarenta ladrões".

[...]

Os ricos comerciantes **já** conheciam Ali **Babá** e gostavam muito **de** seu serviço. Ele sempre cobrava o preço justo pelo trabalho, **porém**, muitas vezes, os **mercadores** davam-lhe mais, pois sabiam **que** ele vivia em dificuldades.

– Aqui estão dez moedas de prata para **você**, Ali Babá. E obrigado por ter cuidado tão bem dos meus camelos.

– Mas, senhor, são **só** cinco moedas que costumo cobrar – respondia honestamente Ali Babá.

[...]

Era difícil a vida de Ali Babá! As caravanas não eram constantes e havia épocas em que, devido às tempestades de areia no deserto, os mercadores levavam dois ou **três** meses para passar por ali.

[...]

As mil e uma noites. In: São Paulo (Estado). Secretaria da Educação. *Ler e escrever: livro de textos do aluno.* Seleção dos textos de Claudia Rosenberg Aratangy. 3. ed. São Paulo: FDE, 2010. p. 116.

a) Entre as palavras destacadas no texto, quais são formadas por uma única sílaba?

_____

89

b) Desses monossílabos, quais são acentuados?

_____

c) Qual é a letra final em cada palavra monossílaba acentuada?

_____

> As palavras monossílabas podem ter pronúncia forte ou fraca. As monossílabas com pronúncia forte são chamadas **tônicas**. Exemplos: pé, dá, só.
>
> As monossílabas com pronúncia fraca são chamadas **átonas**. Exemplos: com, mas, de.
>
> As palavras monossílabas tônicas terminadas em vogais **a**, **e** ou **o**, seguidas ou não de **s**, levam acento. Exemplos: má, é, pó, nós.

2. Releia esta frase do texto da atividade 1.

> Os ricos comerciantes já conheciam Ali Babá [...].

a) Separe as sílabas da palavra **Babá** e localize a sílaba tônica.

_____

b) Assinale a alternativa adequada. De acordo com a posição da sílaba tônica, a palavra **Babá** é:

☐ oxítona.   ☐ paroxítona.   ☐ proparoxítona.

c) Que outras palavras dissílabas destacadas no texto têm a sílaba tônica na mesma posição de **Babá**?

_____

d) Com que letras terminam as palavras que você indicou no item **c**?

_____

> As palavras oxítonas são acentuadas quando terminam em **a**, **e** e **o** (seguidas ou não de **s**) e em **em** ou **ens**. Exemplos: Pará, café, avô, alguém.

Atividades

1. Complete o quadro com as palavras oxítonas abaixo devidamente acentuadas.

Aladim	avo	vintem	bone	armazem
tambem	sapato	sofa	chimpanze	

Oxítonas			
Terminadas em **a(as)**	Terminadas em **e(es)**	Terminadas em **o(os)**	Terminadas em **em(ens)**
_____	_____	_____	_____
_____	_____	_____	_____
_____	_____	_____	_____

2. Leia as frases a seguir.

a) O sapateiro **da** presentes para os elfos.

b) A casa **da** mãe de Aladim era simples.

• Em qual das frases a palavra **da** deve ser acentuada? Justifique sua resposta.

_____

3. Veja as bandeiras de diferentes países e escreva o adjetivo correspondente a cada uma na forma masculina.

França

Dinamarca

Camarões

_____   _____   _____

a) Justifique a acentuação usada nos adjetivos que você escreveu.

_____

91

Retomada

1. Leia um trecho de um conto maravilhoso e responda às questões.

O ganso de ouro

Era uma vez um homem que tinha três filhos. O caçula se chamava Simplório [...]. Certa vez, o filho mais velho foi para a floresta cortar lenha. [...] Quando chegou à floresta, ele encontrou um homenzinho grisalho [...]:

— Tenho sede e fome. Dê-me um pedaço do pão de ló [...].

Mas o rapaz respondeu:

— Se eu lhe der minha comida e minha bebida, não sobrará nada para mim. Vá embora!

Ele deixou o homem ali e seguiu o seu caminho. Quando começou a derrubar uma árvore, errou o golpe e o machado cortou-lhe o braço [...] o golpe errado tinha sido desferido pelo homenzinho grisalho.

[...]

Aí Simplório disse:

— Pai, deixe que eu vá cortar lenha.

[...] Quando Simplório chegou à floresta, também encontrou o homenzinho grisalho, que o cumprimentou e disse:

— Dê-me um pedaço do seu bolo e um gole da sua garrafa. Tenho muita fome e muita sede.

Simplório respondeu:

— É que eu só tenho bolo de farinha e água [...]. Mas, se estiver bom pra você, podemos sentar e comer.

[...] Quando Simplório pegou o bolo, viu que ele se tornara um delicioso bolo de ovos [...].

Por fim, o homenzinho grisalho disse:

— Como você tem bom coração e reparte com os outros o que é seu, eu lhe trarei sorte. Está vendo aquela árvore? Derrube-a e encontrará uma coisa nas raízes.

[...]

Simplório derrubou a árvore, e, quando ela caiu, ele viu entre as raízes um ganso com penas de ouro.

[...]

Irmãos Grimm. *Once upon a time: uma antologia de contos de fadas.* Tradução de Elisa Campos. São Paulo: Planeta, 2014. E-book.

a) Quem é o personagem principal desse conto? Como ele é caracterizado?

_____

b) Por que o irmão mais velho foi castigado pelo homenzinho?

_____

_____

c) Que adjetivo caracteriza o comportamento do irmão mais velho em relação ao homenzinho?

_____

d) Que elementos da história são marcas do gênero conto maravilhoso?

_____

_____

_____

e) O nome do filho caçula indica uma característica do personagem. Que característica é destacada pelo nome dele?

_____

f) Justifique a acentuação das palavras do quadro.

três	ló	é	você	só	parabéns	está	encontrará

_____

_____

Periscópio

Aqui você encontra sugestões para divertir-se e ampliar seu conhecimento sobre conto maravilhoso. Você conhece outros contos maravilhosos? Consulte a biblioteca ou peça sugestões aos amigos e ao professor. Compartilhe suas descobertas com os colegas.

Para ler

História de Aladim e a lâmpada maravilhosa, de Patativa do Assaré. São Paulo: Hedra, 2011.
Versão de "Aladim e a lâmpada maravilhosa", do livro *As mil e uma noites*, contada em forma de cordel por um dos mais famosos cordelistas do país.

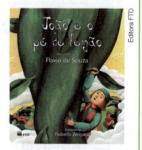

João e o pé de feijão, recontado por Flavio de Souza. São Paulo: FTD, 2010.
História clássica de um menino que vivia com a mãe numa casa afastada e, um dia, necessita ir à cidade para vender sua vaca. No meio do caminho, é convencido a trocar a vaca por um punhado de feijões mágicos.

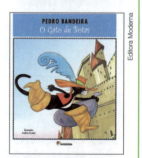

O gato de botas, recontado por Pedro Bandeira. São Paulo: Moderna, 2012.
A história do gato esperto que, com suas botas, percorre grandes distâncias e é capaz de enfrentar um terrível vilão.

Para assistir

Aladdin, direção de John Musker e Ron Clements, 1992.
Aladdin luta para salvar a princesa Jasmine. Ao esfregar uma lâmpada mágica, ele conhece um gênio poderoso de quem ganha três desejos e decide usá-los para conquistar Jasmine.

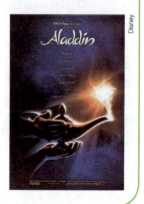

UNIDADE 4
Curiosidades e descobertas

Você se interessa por animais? Será que sabe o suficiente para identificar um animal somente pelas... ?

Isso mesmo! Somente pelas pegadas.

1. Relacione cada animal com as pegadas que ele deixa quando caminha. Leia as dicas para fazer a atividade.

Pegada da **anta**: são visíveis três dedos largos e curtos.

Pegada da **irara**: é possível perceber marcas de cinco dedos arredondados e de unhas.

Pegada da **jaguatirica**: formada por almofada arredondada e quatro dedos. Não há marcas de unhas.

Pegada do **lobo-guará**: formada por uma almofada pequena e quatro dedos. São visíveis as marcas das unhas.

Texto elaborado com base em: <http://ipam.org.br/cartilhas-ipam/pegadas-identificando-mamiferos>. Acesso em: 14 abr. 2017.

- O que mais você gostaria de saber desses animais?

Antes de ler

1. Você já pensou em perguntas como estas?

Como viviam os dinossauros e como eles desapareceram?

Como nosso corpo funciona?

De onde vem o chocolate?

Dinossauros *Diplodocus* e *Iguanodon*. Museu Senckenberg, Frankfurt, Alemanha, 2015.

Quando um assunto desperta nossa curiosidade, queremos procurar mais informações sobre ele. Mas, antes de tudo, é preciso saber onde pesquisar; por exemplo, em livros e revistas que tratam de temas relacionados ao assunto de interesse.

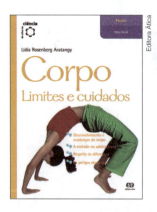  

- Em que situações você já fez uma pesquisa? O que você precisava descobrir?
- Você tem curiosidade a respeito de que assunto?

96

Leitura 1

Os trechos do texto expositivo que você vai ler correspondem a dois capítulos publicados no livro *Mamíferos*, de Federico Mengozzi.

Você sabe o que é um mamífero? Qual seria a principal característica desse grupo de animais?

Eles mamam na infância

Onça-pintada caminhando na mata do Pantanal.

Ao observar os cachorros, os gatos e outros animais de estimação, a gente começa a perceber como é o mundo dos mamíferos. Por que mamíferos? Ué, porque todos os bichos desse grupo mamam quando nascem.

O leite, alimento indispensável dos filhotes, é produzido por suas mães. Nós, humanos, também somos mamíferos.

Além de mamar, os mamíferos costumam ter pelos. Alguns muitos; outros, poucos. E são animais de sangue quente, quer dizer, têm o corpo sempre com a mesma temperatura, ao contrário dos répteis, que têm sangue frio e precisam ficar no sol para se aquecer.

Quem pensa que todos os mamíferos têm quatro patas, engana-se. Há mamíferos diferentes, que mais parecem peixes, como as baleias e os golfinhos, que vivem toda a vida na água. Há mamíferos que voam, como os morcegos. Há até os mamíferos que botam ovos, como o ornitorrinco, um bicho que vive lá na Austrália.

Os mamíferos comem praticamente de tudo e são encontrados em quase todas as regiões do planeta.

Existem mais de 4 mil espécies de mamíferos, cerca de 800 delas no Brasil. No entanto, por aqui não existem mamíferos terrestres grandes, como elefantes ou rinocerontes. Mas o mar brasileiro recebe a visita dos maiores mamíferos que existem, as baleias.

[...]

Espertezas da Dona Onça

[...] Você já viu alguém virar uma onça? Claro que não. Isso é uma maneira de dizer [...] que a pessoa fica brava como o mais feroz dos mamíferos brasileiros, a onça-pintada, também chamada de jaguar.

Ela é da família dos felinos e, como o gato-do-mato e a jaguatirica, está ameaçada de extinção. É que existem cada vez menos lugares nos quais ela pode viver.

A onça é feroz, sim, mas raramente ataca o homem. Quando tem fome, procura, sempre à noite, animais como capivaras, macacos, pacas e veados. Às vezes, sai do mato e ataca os animais da fazenda.

[...]

A onça pesa uns 150 quilogramas, tem 1 metro e meio de comprimento, sem contar o rabo, que mede uns 60 centímetros, e tem 80 centímetros de altura. Ainda assim, ela é bem menor que o tigre, seu primo.

Esse felino é respeitado por todos os animais, mas alguns não têm medo dele, como o tamanduá, com suas fortes e longas unhas, e o touro, com seus chifres.

A onça corre bem, é boa nadadora e sobe em árvores. [...]

Federico Mengozzi. *Mamíferos*. São Paulo: Globo, 2008. p. 4-7.
(Coleção Bichos Brasileiros – Sítio do Picapau Amarelo).

Extinção: desaparecimento definitivo de uma espécie de ser vivo.
Felino: animal que faz parte da família de mamíferos carnívoros, entre os quais se incluem o gato, a onça, o leão e outros.
Réptil: animal que se arrasta e tem escamas ou placas. Entre eles estão cobras, lagartos, tartarugas e jacarés.

SOBRE O AUTOR

Federico Mengozzi foi jornalista e crítico de arte. Escreveu para vários jornais e foi também tradutor e autor de livros infantis. Faleceu em 2007.

Estudo do texto

1. Observe a ilustração da capa do livro de onde foram retirados os trechos lidos.

   a) A que leitor você imagina que o livro seja dirigido? Que elementos comprovam sua resposta?

   _____

   _____

   _____

   b) Com que finalidade alguém leria esse livro? Assinale.

   ☐ Ler histórias dos mamíferos.

   ☐ Conhecer características dos mamíferos.

   ☐ Aprender a cuidar dos mamíferos.

2. O livro sobre mamíferos faz parte da Coleção Bichos Brasileiros, que tem volumes dedicados a insetos, aves, peixes, entre outros. Qual dos títulos a seguir poderia fazer parte de um dos capítulos dessa coleção? Marque **X** e justifique sua resposta.

   ☐ Os Três Porquinhos.   ☐ Toda ave tem pena.   ☐ O Saci.

   _____

   _____

   _____

3. Você leu trechos de dois capítulos do livro *Mamíferos*: "Eles mamam na infância" e "Espertezas da Dona Onça". Qual é a ideia principal de cada capítulo?

   _____

   _____

   _____

4. Quais são as funções dos títulos dos capítulos em um livro?

- [ ] Separar os parágrafos do texto.
- [ ] Separar os assuntos do texto.
- [ ] Resumir as ideias principais do texto.
- [ ] Ajudar o leitor a localizar as informações.

5. Quais são as principais características dos mamíferos?

_____

_____

_____

6. Qual é a diferença entre os mamíferos e os répteis, segundo o texto?

_____

_____

_____

_____

7. O texto apresenta o cachorro e o gato como animais de estimação.

a) O que é um animal de estimação?

_____

_____

_____

b) Veja no quadro outros animais de estimação. Circule o mamífero.

| canário | tartaruga | coelho | peixe |

8. Observe o esquema e complete-o com informações do texto.

ONÇA

Características físicas

_____

_____

_____

_____

Alimentação	**Habilidades**

9. Marque **V** para as afirmações verdadeiras e **F** para as falsas. Corrija as afirmações falsas.

☐ Todos os mamíferos têm quatro patas.

_____

☐ Os animais que vivem na água não são mamíferos.

_____

☐ Há mamíferos que voam e outros que botam ovos.

_____

☐ No Brasil, existem mais de 4 mil espécies de mamíferos.

_____

101

10. Releia o trecho a seguir.

> [...] E são animais de sangue quente, quer dizer, têm o corpo sempre com a mesma temperatura [...]
>
> [...] Há mamíferos que voam, como os morcegos.

Localize e circule palavras ou expressões do trecho que indicam o início:

a) de uma explicação;   **b)** de um exemplo.

11. As explicações e os exemplos são muito importantes em um texto expositivo. De que modo eles ajudam o leitor?

_____

_____

_____

12. Releia um trecho do texto e observe as palavras destacadas.

> Esse felino é respeitado por todos os animais, mas **alguns** não têm medo **dele**, como o tamanduá, com suas fortes e longas unhas, e o touro, com seus chifres.

a) Os termos destacados referem-se a que palavras?

_____

_____

b) Observe no trecho as palavras "suas" e "seus". A que substantivos elas estão relacionadas?

_____

_____

c) As palavras "suas" e "seus" estabelecem uma relação de sentido com os substantivos "tamanduá" e "touro". Que sentido elas acrescentam ao texto?

☐ Ideia de lugar.   ☐ Ideia de posse.   ☐ Ideia de tempo.

13. Releia um trecho do texto.

> A onça pesa uns 150 quilogramas, tem 1 metro e meio de comprimento, sem contar o rabo, que mede uns 60 centímetros, e tem 80 centímetros de altura. [...]

a) Que tipo informação o texto apresenta sobre a onça?

_____

_____

b) Observe a pontuação de vírgula (**,**) no trecho transcrito. Qual função ela exerce no texto?

☐ Separa a enumeração de informações sobre a onça.

☐ Acrescenta novas informações sobre a onça.

14. Releia os trechos do texto e observe as palavras destacadas.

> O leite, alimento indispensável dos filhotes, é produzido por suas mães. **Nós**, humanos, também somos mamíferos.

> [...] **Você** já viu alguém virar uma onça?

a) A quem essas palavras se referem?

_____

_____

b) Que efeito o uso desses termos produz? Justifique sua resposta.

☐ Afasta o leitor do texto.

☐ Aproxima o leitor do texto.

_____

_____

15. O texto que você leu foi publicado em um livro infantil. Leia agora um trecho de um livro dirigido a um público especialista em animais, que também trata das características dos mamíferos.

O leite é um produto das glândulas mamárias

Os mamíferos são os únicos que possuem glândulas mamárias que permitem à fêmea produzir leite para sua prole [...] algumas espécies produzem secreções que alimentam sua prole enquanto ainda está no aparelho reprodutor, como o leite uterino dos tubarões ovovivíparos.

[...]

Christopher D. Moyes, Patrícia M. Schulte. *Princípios de fisiologia animal*. Porto Alegre: Artmed, 2010. p. 688.

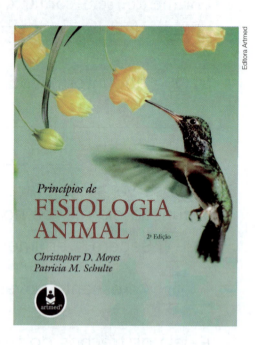

Qual das afirmações está correta? Justifique oralmente sua resposta.

☐ A linguagem do texto dirigido a especialista usa palavras que fazem parte do nosso falar cotidiano.

☐ A linguagem do texto dirigido a especialista usa palavras próprias do campo da Ciência.

16. Observe a palavra destacada a seguir.

> [...] Por que mamíferos? **Ué**, porque todos os bichos desse grupo mamam quando nascem.

a) Que sentido ela expressa: dúvida, certeza, espanto ou indignação?

_____

b) Se o trecho fosse publicado em um livro dirigido a um leitor especialista, essa palavra seria adequada? Justifique.

_____

_____

17. Assinale a característica que não está presente nos capítulos lidos do livro *Mamíferos*.

☐ Descrições detalhadas das características dos mamíferos.

☐ Linguagem adequada ao público infantil.

☐ Opinião do autor sobre os mamíferos.

☐ Perguntas para chamar a atenção do leitor.

18. Converse com os colegas sobre as perguntas a seguir e anote suas opiniões.

a) A onça é um animal em extinção. Você conhece outros animais que correm o risco de desaparecer? Quais?

_____

_____

_____

b) O que você acha que deve ser feito para que esses animais não desapareçam?

_____

_____

_____

O que aprendemos sobre...

Texto expositivo

- Tem a finalidade de explicar determinado assunto.
- Os títulos e subtítulos ajudam o leitor a localizar as informações.
- Contém explicações detalhadas e exemplos.
- Os leitores leem esse texto para obter informações sobre determinado assunto ou por curiosidade.
- A linguagem e as ilustrações utilizadas variam conforme o público leitor.

Meu animal de estimação

Muitas pessoas têm animais de estimação em casa. Às vezes, é cachorro, gato, passarinho... às vezes, galinha, porquinho, coelho...

Você tem ou conhece alguém que tenha um animal de estimação? Que tal contar aos colegas alguma aventura desse bichinho?

Planejamento

Para fazer a apresentação oral, é importante planejar sua fala.

1. Selecione o animal de estimação. Quem é o dono dele?
2. Que fato sobre ele será apresentado aos colegas? Você pode contar onde e quando aconteceu o fato e quem o presenciou.
3. Como o animal reagiu? Como o dono dele se sentiu?

Escreva todas as informações no caderno. Depois, selecione as mais interessantes para apresentar à turma.

É importante lembrar a quem é dirigida a fala: se é para a sua turma, a linguagem pode ser mais informal.

Apresentação

No dia combinado você pode levar uma fotografia do bichinho, do dono dele ou de algo relacionado com o fato. A turma será dividida em grupos de cinco alunos, e cada um deverá apresentar oralmente aos colegas do grupo o que aconteceu com o animal. Você pode consultar rapidamente o caderno para ver se não esqueceu nenhuma informação. Use as fotografias como lembretes.

Avaliação

Ao final, vocês podem avaliar a fala dos colegas.

- O fato foi apresentado com detalhes?
- A fala foi adequada (nem rápida, nem lenta demais)?
- Foi possível ouvir e entender a fala do colega?

Pronome pessoal

1. Releia estes trechos do texto expositivo.

> [...] **Você** já viu alguém virar uma onça? [...]

> **Ela** é da família dos felinos e [...] está ameaçada de extinção. [...]

> [...] **Nós**, humanos, também somos mamíferos.

> [...] Ainda assim, **ela** é bem menor que o tigre, seu primo.

Entre as palavras destacadas, qual delas se refere:

a) à pessoa que fala?

_____

b) à pessoa com quem se fala?

_____

c) à pessoa de quem se fala?

_____

> As palavras "nós", "você" e "ela" indicam os participantes da situação comunicativa. Elas recebem o nome de **pronomes pessoais**.

2. Utilize um dos pronomes do quadro para substituir os substantivos destacados nas frases a seguir.

| eu | tu | ele/ela | nós | vós | eles/elas |

a) Além de mamar, **os mamíferos** costumam ter pelos. _____

b) **A onça** é feroz, sim, mas raramente ataca o homem. _____

107

Os **pronomes pessoais** podem substituir um substantivo ou retomar um termo que apareceu antes, para evitar a repetição de palavras.

Conheça os outros **pronomes pessoais**.

	Singular	Plural
1ª pessoa **(Quem fala)**	eu	nós
2ª pessoa **(Com quem se fala)**	tu você	vós vocês
3ª pessoa **(De quem se fala)**	ele/ela	eles/elas

Os pronomes **tu** e **vós** são usados em algumas regiões do Brasil. A maioria dos falantes brasileiros usa os pronomes **você** e **vocês** para se referir à pessoa com quem se fala.

Na língua portuguesa do Brasil, também usamos, em algumas situações, a expressão **a gente** para substituir o pronome **nós**, mantendo a mesma ideia.

Veja um exemplo do texto lido.

Ao observar os cachorros, os gatos e outros animais de estimação, **a gente** começa a perceber como é o mundo dos mamíferos. Por que mamíferos? Ué, porque todos os bichos desse grupo mamam quando nascem.

[...]

Eric Isselee/Shutterstock.com

108

Pronome possessivo

1. Observe a palavra destacada no trecho.

> O leite, alimento indispensável dos filhotes, é produzido por **suas** mães. [...]

Que ideia essa palavra expressa?

☐ Pessoa que fala.

☐ Propriedade.

☐ Lugar.

2. Quais palavras do trecho a seguir expressam ideia de posse?

> Esse felino é respeitado por todos os animais, mas alguns não têm medo dele, como o tamanduá, com suas fortes e longas unhas, e o touro, com seus chifres.

O pronome pode referir-se a determinado ser, indicando relação de posse. Nesse caso é chamado de **pronome possessivo**.

Conheça os pronomes possessivos.

Singular	**1ª pessoa**	meu, meus, minha, minhas
	2ª pessoa	teu, teus, tua, tuas
	3ª pessoa	seu, seus, sua, suas
Plural	**1ª pessoa**	nosso, nossos, nossa, nossas
	2ª pessoa	vosso, vossos, vossa, vossas
	3ª pessoa	seu, seus, sua, suas

Atividades

1. Leia este trecho de um texto expositivo publicado em uma revista sobre História.

http://aventurasnahistoria.uol.com.br/noticias/acervo/entenda-como-cavalos-ajudaram-construcao-historia-6

Entenda como os cavalos ajudaram na construção da história

[...]

O cavalo existe há 55 milhões de anos. O gênero mais antigo de que se tem notícia é o *Eohippus*, que tinha a altura de um pônei e dedos nas patas. Há cerca de 3 milhões de anos surgiu a espécie *Equus*, ancestral do cavalo atual. Dotada de cascos, **ela** se espalhou por vários continentes. Uma das mais importantes características do cavalo – e que permitiu o sucesso de seu relacionamento com o homem – é que **ele** precisa de um líder. Sua capacidade, e mesmo vontade, de transferir lealdade determinou o reconhecimento do humano no lugar de outro equino como guia. E lá se foram juntos, homem e cavalo, rumo ao desenvolvimento das sociedades.

[...]

Disponível em: <http://aventurasnahistoria.uol.com.br/noticias/acervo/entenda-como-cavalos-ajudaram-construcao-historia-689439shtml.phtml#.V-u_bPArLIU>. Acesso em: 17 out. 2017.

a) Que característica do cavalo faz com que ele tenha um bom relacionamento com o homem?

_____

b) Observe as palavras destacadas. A que termos elas se referem?

_____

c) No trecho "seu relacionamento com o homem", a quem o pronome **seu** se refere?

_____

d) Que sentido esse pronome tem no texto?

_____

e) Em "**homens e cavalos** foram juntos", que pronome poderia substituir os termos destacados?

_____

2. Leia o texto expositivo que explica a origem da bola.

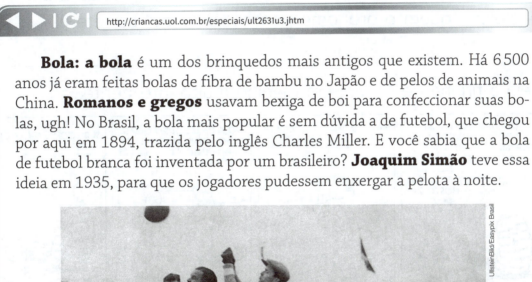

Bola: a bola é um dos brinquedos mais antigos que existem. Há 6 500 anos já eram feitas bolas de fibra de bambu no Japão e de pelos de animais na China. **Romanos e gregos** usavam bexiga de boi para confeccionar suas bolas, ugh! No Brasil, a bola mais popular é sem dúvida a de futebol, que chegou por aqui em 1894, trazida pelo inglês Charles Miller. E você sabia que a bola de futebol branca foi inventada por um brasileiro? **Joaquim Simão** teve essa ideia em 1935, para que os jogadores pudessem enxergar a pelota à noite.

Partida de futebol entre Alemanha e Inglaterra. Berlim, Alemanha, 1930.

Disponível em: <http://criancas.uol.com.br/especiais/ult2631u3.jhtm>. Acesso em: 14 abr. 2017.

a) Que sentido a expressão "ugh!" tem no texto? Marque **X**.
☐ De admiração.   ☐ De nojo.   ☐ De tristeza.

b) Substitua os termos destacados no texto por pronomes pessoais.

_____

111

c) Qual dos pronomes a seguir pode substituir a expressão "invenção **dos brasileiros**" indicando a ideia de posse na primeira pessoa do plural?

☐ minha ☐ sua

☐ nossa ☐ meus

d) No texto, a quem o pronome pessoal "você" se refere?

_____

e) Nele, a quem o pronome possesivo "suas" se refere?

_____

3. Leia a tirinha de Calvin, um menino muito inteligente.

Disponível em: <https://novaescola.org.br/conteudo/3621/calvin-e-seus-amigos>. Acesso em: 3 out. 2017.

a) Calvin parece ser um aluno curioso. Por que não tira boas notas?

_____

_____

b) Substitua "sua mãe e eu" por um pronome pessoal.

_____

c) A quem se referem os pronomes "sua" e "suas" no primeiro quadrinho?

_____

d) Que pronomes pessoais presentes na tirinha indicam:

• a pessoa que fala? _____

• a pessoa com quem se fala? _____

Leitura 2

O texto expositivo a seguir foi publicado em um livro sobre curiosidades históricas. Por meio dele podemos ter ideia de como era o mundo quando não existiam dinheiro, escola, banho, energia elétrica, entre outras coisas.

Você usa muito a internet? Com que finalidade? Dá para imaginar um mundo sem internet? É disso que o texto a seguir trata!

Como fazíamos sem... Internet

Antes da internet, livros eram nossa única fonte de pesquisa e o único meio capaz de registrar a história. Isso criava alguns problemas. Primeiro, os livros se preocupavam em registrar apenas as coisas grandiosas. Fatos corriqueiros como o dia a dia de um garoto ou de uma garota não pareciam ter importância. Um outro problema é que livros costumavam ser escritos pelos vencedores. Assim, tínhamos acesso a apenas um lado dos eventos e uma grande parte da história se perdia.

Biblioteca Pública Municipal Rui Barbosa. Itaituba, Pará, 2017.

Hoje, isso mudou um bocado. *Blogs* espalhados pela rede contam qualquer história dos mais diversos pontos de vista. Isso para não falar do registro da rotina de pessoas completamente diferentes umas das outras via Twitter, Facebook [...] e outras mídias sociais. No futuro, os historiadores vão ter menos trabalho para recontar o dia a dia dos homens, mulheres e crianças que viveram nos anos 2000.

[...]

A invenção da internet também foi responsável pelo fim de várias profissões. Nas redações dos jornais, por exemplo, um emprego comum era o de arquivista. Sua função era recortar as notícias publicadas em todos os jornais do dia e separá-las por tema. Quando alguém importante morria, os repórteres do jornal vinham pedir ao arquivista todas as pastas com informações sobre aquela pessoa. Hoje, usando o Google, essa mesma pesquisa leva três segundos!

Mas talvez a mudança mais importante da internet tenha sido transformar a comunicação entre duas pessoas que estão em lugares distantes. Antes da rede, que só começou a ser usada pelas pessoas comuns em 1995, a única forma de mandar notícias para um amigo era escrevendo uma carta. Isso podia levar meses. Imagine querer contar o que você ganhou de aniversário para seu melhor amigo que está viajando e saber que ele só vai ficar a par do acontecido daqui a duas semanas!

[...]

Corriqueiro: comum.

Bárbara Soalheiro. *Como fazíamos sem...* São Paulo: Panda Books, 2006. p. 40-42.

★ SOBRE A AUTORA

Bárbara Soalheiro nasceu em Belo Horizonte, Minas Gerais, em 1980. É jornalista e já escreveu para diversas publicações. Em 2007, ganhou o Prêmio Jabuti – o mais importante prêmio literário do Brasil – pelo seu livro *Como vivíamos sem...*.

Para saber mais

O surgimento da internet

A rede mundial de computadores foi criada na década de 1960 pelo governo dos Estados Unidos. Inicialmente, ela fazia parte de um projeto militar, mas, depois, passou a interligar as universidades pelo mundo. Naquela época, era usada apenas para a troca de arquivos entre os membros da rede. No final da década de 1980, a internet passou a alcançar a população em geral.

Fonte: <www.ufpa.br/dicas/net1/int-h196.htm>. Acesso em: 21 set. 2017.

Estudo do texto

1. Os textos que fazem parte do livro *Como fazíamos sem...* foram originalmente publicados na revista *Aventuras na História*. Observe duas capas dessa publicação.

Capa da edição 60, julho de 2008.   Capa da edição 61, agosto de 2008.

a) Quem são os prováveis leitores dessa revista?

_____

_____

b) Em geral, com que finalidade essas pessoas leriam essa revista? Assinale a(s) alternativa(s) correta(s).

☐ Para estudar para uma prova.

☐ Por curiosidade.

☐ Para pesquisar fatos e pessoas.

115

2. Leia um trecho do índice do livro *Como fazíamos sem....*, de Bárbara Soalheiro.

COMUNICAÇÃO	
Avião	32
Correio	36
Internet	40
Telefone	44
Televisão	48

a) Você imagina um mundo sem essas invenções? Como ele seria? Converse com seus colegas.

b) Que benefícios essas invenções trouxeram para o mundo?

_____
_____
_____
_____

3. Releia o título do texto: "Como fazíamos sem internet...".

a) A que tempo o verbo **fazíamos** se refere?

☐ Presente.

☐ Passado.

☐ Futuro.

b) Qual é o sentido de "fazíamos" no título?

☐ Ação do passado que continuamos a fazer.

☐ Ação que costumávamos fazer no passado.

☐ Ação que fizemos um dia no passado.

c) A que pessoa o verbo "fazíamos" se refere?

_____

d) Que tipo de informação o leitor espera encontrar ao ler o título do texto?

_____

_____

4. O texto apresenta como as pessoas faziam pesquisas antes da invenção da internet.

a) Que recursos eram usados para obter informações para uma pesquisa?

_____

_____

b) O texto apresenta dois problemas sobre essa forma de pesquisar. Quais são eles?

_____

_____

_____

c) Por que eles podem ser considerados um problema?

_____

_____

_____

5. No trecho transcrito a seguir, substitua a palavra destacada por outra de sentido semelhante.

> Hoje isso modificou um **bocado**.

_____

_____

6. Como as informações são divulgadas nos dias atuais?

_____

_____

_____

7. Por que os historiadores vão ter menos trabalho para contar sobre a vida das pessoas que viveram nos anos 2000?

_____

_____

_____

8. Complete o esquema a seguir com informações do texto.

Invenção da internet

Consequência 1

_____
_____
_____
_____

Consequência 2

_____
_____
_____
_____

9. Em sua opinião, as mudanças trazidas pela invenção da internet são positivas ou negativas? Converse com seus colegas e justifique sua opinião.

 O que aprendemos sobre...

Texto expositivo

- Os textos expositivos são publicados em livros, *sites* e revistas, dirigidos a diferentes leitores, de acordo com os interesses de cada um.

Outra leitura

Você leu um texto expositivo que trata de temas relacionados à área da Ciência. Agora você vai ler a descrição de dois animais: o dragão e o unicórnio.

O dragão é do tamanho de um edifício. Tem cabeça de cavalo, chifres de veado, olhos do demônio, orelhas de vaca, pescoço de cobra (com uma pérola pendurada), barriga de lesma, escama de peixe, garras de águia e patas de tigre. Cada uma das quatro garras tem quatro unhas enormes. O dragão solta fogo pelas narinas.

A força do dragão está na pérola.

O unicórnio é branco, tem corpo de cavalo, as pernas da frente de antílope, barba de bode e um chifre comprido em forma de parafuso, no meio da testa.

[...]

O unicórnio chinês é diferente: tem corpo de veado, rabo de vaca e cascos de cavalo. O chifre é pequeno e carnudo. É o bicho mais gentil da natureza. Caminha com o máximo cuidado, para não matar nenhum inseto. O unicórnio chinês vive mil anos.

Arthur Nestrovski. *Bichos que existem & bichos que não existem*. São Paulo: Cosac & Naify, 2002.

1. Explique com suas palavras a expressão destacada.

> O dragão é do **tamanho de um edifício**.

_____

_____

_____

2. Releia a apresentação da onça que consta no texto "Espertezas de Dona Onça".

> A onça é feroz, sim, mas raramente ataca o homem. Quando tem fome, procura, sempre à noite, animais como capivaras, macacos, pacas e veados. Às vezes, sai do mato e ataca animais da fazenda.
> [...]
> A onça pesa uns 150 quilos, tem 1 metro e meio de comprimento, sem contar o rabo, que mede uns 60 centímetros, e tem 80 centímetros de altura. Ainda assim, ela é bem menor que o tigre, seu primo.

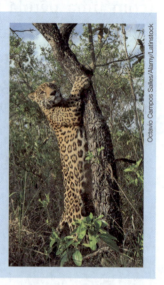

a) O que há de semelhante entre o texto da onça, da **Leitura 1**, e o texto que apresenta o dragão e o unicórnio?

_____

_____

b) Quais são as diferenças entre os animais descritos nos textos?

_____

_____

3. Relacione as colunas.
   a) texto da onça
   b) texto do unicórnio
   c) texto do dragão

   1. mundo da imaginação
   2. mundo da Ciência

Produção de texto

Texto expositivo

Nesta unidade, você estudou o texto expositivo, que apresenta informações sobre determinado tema por meio de linguagem não literária.

Agora é sua vez de produzir um texto expositivo! Ele fará parte de um livro sobre animais mamíferos e será oferecido aos alunos do 3º ano.

Planejamento e escrita

Antes de escrever seu texto, é preciso pesquisar o tema e selecionar as informações encontradas.

1. Primeiro, escolha um animal mamífero como tema da pesquisa. Veja algumas sugestões.

tatu-canastra

boto

mico-leão-dourado

leão	canguru	elefante	tatu-canastra	baleia
morcego	mico-leão-dourado		cavalo	gato
macaco	golfinho	boto	ornitorrinco	cachorro

2. O que você gostaria de saber desse mamífero? Faça uma lista de perguntas para orientar a pesquisa. Por exemplo: onde ele vive, o que come, como se comporta etc.

3. Pesquise em livros, enciclopédias e *sites* e selecione as informações que respondam às perguntas feitas.

4. Depois de selecionar os dados, é hora de escrever. Para organizar as informações, você pode usar o esquema sugerido a seguir.

121

a) Complemente seu texto com outras informações. Lembre-se de que você está escrevendo para alunos do 3º ano.

b) Acrescente exemplos e explicações para ajudar o leitor a se familiarizar com o assunto. O uso de título e de subtítulo também pode ajudá-lo a localizar as informações no texto.

c) Ilustre seu texto expositivo com fotografias ou desenhos dos animais mamíferos.

d) Utilize pronomes em seu texto para substituir os substantivos e evitar a repetição de palavras.

Revisão

Ao final da produção, troque-a com um colega para que ele faça comentários sobre seu trabalho. A tabela a seguir pode orientar na avaliação do texto dele.

	Sim	Não
Há título e subtítulos que ajudam o leitor a localizar as informações?		
O texto descreve as principais características do animal?		
Há exemplos e explicações?		
As informações selecionadas despertam o interesse do leitor?		
A imagem está relacionada ao assunto do texto?		

Reescrita e apresentação

1. Leia os comentários do colega e faça as alterações necessárias em seu texto.

2. Junto com o professor, você e os colegas vão reunir os textos e preparar um livro sobre mamíferos. É necessário escolher um título, fazer a capa e organizar os textos e as imagens (pode ser conforme a ordem alfabética dos nomes dos animais, por exemplo). Vocês podem pesquisar imagens na internet para ilustrar o texto.

3. Depois que o livro ficar pronto, a turma poderá oferecê-lo aos alunos do 3º ano. No dia combinado, um aluno vai explicar o que é o livro e ler um trecho dele para os colegas.

122

 **Estudo da escrita**

Acentuação das palavras proparoxítonas

1. Leia o texto e faça o que se pede.

 http://g1.globo.com/espirito-santo/noticia/2016/08/baleias-jubarte-sao-registradas-na-costa-no-espirito-santo

Baleias jubarte são registradas na costa no **Espírito** Santo

Viagem dos mamíferos para a costa brasileira é iniciada na Antártida. Baleias nadam cinco mil quilômetros até o banco de Abrolhos.

Rota de passagem de baleias jubarte, a costa do Espírito Santo atrai organizações de conservação da **espécie**. A equipe do Instituto Últimos **Refúgios** é uma dessas instituições e alia fotografia e preservação ambiental. A viagem desses **mamíferos** é iniciada na região da **Antártida** e nadam quase 5 mil **quilômetros** para chegar ao Brasil.

No Espírito Santo é preciso navegar apenas 40 minutos para começar a ver as baleias jubarte. Durante a observação do Últimos Refúgios foi **possível** ver em **média** 60.

O grupo, formado principalmente por baleias jovens, faz essa viagem para a reprodução.

O oceanógrafo Paulo Rodrigues explica que as baleias seguem o banco de Abrolhos, que começa na costa do Espírito Santo e se estende pelo Nordeste do **país**.

"É mais pelas questões **oceanográficas** mesmo. Aqui a água é quente e tem a plataforma rasa. Então, elas preferem essa plataforma, que tem entre 50 e 100 metros de profundidade" relatou Rodrigues.

O fotógrafo Leonardo Merçon declarou que fotografar as baleias é um desafio. "Eu sou mais o cara da **floresta** e quando eu venho para o mar fico mareado, que é um desafio. O outro desafio é conseguir focar no **bicho** com o barco balançando, que fica bastante **difícil**."

Disponível em: <http://g1.globo.com/espirito-santo/noticia/2016/08/baleias-jubarte-sao-registradas-na-costa-no-espirito-santo.html>. Acesso em: 28 abr. 2017.

a) Por que a costa do estado do Espírito Santo atrai pesquisadores da baleia jubarte?

_____

_____

_____

b) Que desafio o fotógrafo Leonardo enfrentou nesse trabalho e por quê?

_____

_____

c) Classifique as palavras destacadas em azul no texto de acordo com a sílaba tônica.

Oxítona	Paroxítona	Proparoxítona
_____	_____	_____
_____	_____	_____
_____	_____	_____
_____	_____	_____
_____	_____	_____
_____	_____	_____

d) O que acontece com as palavras proparoxítonas em relação à acentuação?

_____

> As palavras cuja sílaba tônica é a antepenúltima são chamadas **proparoxítonas**. Todas as proparoxítonas são acentuadas.

1. Leia a tirinha e responda às questões.

Disponível em: <https://tirasarmandinho.tumblr.com/tagged/psicólogo>.
Acesso em: 2 out. 2017.

a) O que significa "dizer o que está passando pela sua cabeça" na fala do pai do personagem Armandinho?

_____
_____
_____

b) O que Armandinho entendeu?

_____
_____
_____

c) Relembre as regras de acentuação e justifique o acento das palavras:

psicólogo   só   está

_____
_____
_____
_____

125

Retomada

1. Leia este texto expositivo sobre a origem do sorvete.

www.invivo.fiocruz.br/cgi/cgilua.exe/sys/start.htm?infoid=895&sid=7

Por Maria Ramos

Quem foi inventado primeiro: o sorvete ou a geladeira?

Você sabia que o sorvete foi inventado muito antes da geladeira e do freezer? Isso mesmo! Embora a origem dessa delícia refrescante tenha se perdido no tempo, é provável que o sorvete tenha surgido na China há cerca de 3 000 anos. No início, ele era mais parecido com a atual raspadinha, não levava leite e geralmente era feito com neve, suco de frutas e mel.

Tatevosian Yana/Shutterstock.com

Apesar de estar cercada de lendas e muitas controvérsias, sabe-se que a história do sorvete tem uma forte ligação com a evolução das técnicas de refrigeração. **Em 1100 a.C.**, os chineses já sabiam como conservar o gelo formado naturalmente no inverno para usá-lo durante o verão. [...]

Até a criação do refrigerador mecânico, **no final do século XIX**, um cozinheiro, para servir sorvetes ou outras sobremesas e bebidas geladinhas em dias de calor, dependia de suprimentos naturais de gelo, retirados de lagos e rios durante o inverno ou do alto das montanhas.

[...]

Por volta do século XIII, uma outra descoberta importante sobre a refrigeração permitiu o aperfeiçoamento da produção de sorvete: a de que adição de sal ao gelo baixava a temperatura da mistura para menos de 0 °C. A partir de então, era só pôr os ingredientes já batidos num recipiente de metal e colocá-lo dentro de um outro recipiente maior, de madeira, com a mistura de sal e gelo, que o sorvete congelava bem mais rápido!

Nessa época, no entanto, ele ainda estava longe de ter aquela textura suave que conhecemos hoje e também não levava leite nem ovos. **Só em meados do século XVII**, provavelmente na Itália, os novos ingredientes foram incorporados à receita.

Disponível em: <www.invivo.fiocruz.br/cgi/cgilua.exe/sys/start.htm?infoid=895&sid=7>.
Acesso em: 9 ago. 2017.

Nos itens **a** e **b**, assinale a alternativa correta.

a) O texto expositivo apresenta:

☐ lugares relacionados à história do sorvete.

☐ opiniões sobre a fabricação do sorvete.

☐ exemplos de pessoas relacionadas à história do sorvete.

b) A expressão "Apesar de estar cercada de lendas" significa que:

☐ todos os acontecimentos apresentados no texto aconteceram de verdade.

☐ alguns acontecimentos apresentados no texto aconteceram de verdade.

c) Observe as expressões destacadas no texto. Que informação elas acrescentam às orações?

_____

d) Qual é a função das vírgulas que seguem as expressões destacadas no texto?

_____

_____

e) Observe as expressões "delícia refrescante" e "os novos ingredientes" no texto. A que termo cada uma delas está relacionada?

_____

_____

f) No trecho "No início, ele era mais parecido com a atual raspadinha [...]", a que palavra o pronome "ele" se refere?

_____

g) Justifique a acentuação na palavra **época**.

_____

127

Construir um mundo melhor

Como tratamos os animais?

Nesta unidade, você leu as características de alguns animais. Agora vamos conversar sobre como eles são tratados em nossa sociedade.

A turma deve ser dividida em grupos de quatro ou cinco alunos.

Veterinária cuidando de animais resgatados.

Preparação

Leiam alguns artigos da *Declaração Universal dos Direitos dos Animais*.

Declaração Universal dos Direitos dos Animais

Art. 2º – Cada animal tem direito ao respeito. [...] Cada animal tem o direito à consideração e à proteção do homem.

Art. 3º – Nenhum animal será submetido a maus-tratos e atos cruéis. [...]

Art. 7º – Cada animal que trabalha tem direito a uma razoável limitação do tempo e intensidade de trabalho, a uma alimentação adequada e ao repouso.

Art. 10º – Nenhum animal deve ser usado para divertimento do homem. A exibição dos animais e os espetáculos que utilizam animais são incompatíveis com a dignidade do animal.

1. Pensem nos animais que conhecem e que vivem perto da casa de vocês, da escola ou nas ruas da cidade. Pesquisem também, em jornais, revistas e *sites*, informações sobre os cuidados que devemos ter com os animais.

    Escolham duas situações em que os animais não têm seus direitos respeitados. Por exemplo: animais abandonados, maltratados pelos donos, obrigados a carregar muito peso etc.

2. Como vocês agiriam para fazer valer os direitos dos animais nessas situações?

3. Cada grupo deve anotar as respostas e apresentá-las à turma.

O que fazer

Vocês farão uma campanha para divulgar os direitos dos animais. Cada grupo planejará a divulgação: cartazes para serem colocados na escola ou folhetos para distribuir aos alunos e funcionários da escola.

Como fazer

Cada grupo vai elaborar o texto e as imagens para os cartazes ou folhetos. Considerem os aspectos a seguir.

- Finalidade do cartaz ou folheto: convencer as pessoas a tratar bem os animais, divulgar feiras de adoção de animais etc.
- Público: alunos da escola, funcionários, moradores do bairro.
- Informações que devem constar do cartaz ou folheto.
- Imagens que vão ilustrar o cartaz ou o folheto.
- Caso seja um cartaz, onde ele será colocado: na escola, na biblioteca do bairro, em espaços públicos.

Apresentação e avaliação

Terminada a produção, os cartazes ou folhetos serão apresentados inicialmente aos colegas, que avaliarão se eles estão legíveis, se as imagens estão adequadas, se o texto convence o leitor.

Depois os cartazes serão afixados nos espaços combinados.

129

Periscópio

Aqui você encontra sugestões para divertir-se e ampliar seu conhecimento sobre texto expositivo. Você conhece outros textos expositivos? Consulte a biblioteca ou peça sugestões aos amigos e ao professor. Compartilhe suas descobertas com os colegas.

Para ler

Como fazíamos sem, de Barbara Soalheiro. São Paulo: Panda Books, 2006.
Nesse livro, você encontra informações sobre como era a vida nos tempos em que muita coisa ainda não havia sido inventada. Ele mostra como as pessoas faziam sem água limpa, fósforos, geladeira, talheres, avião, correio, internet, telefone, televisão etc.

Dinos do Brasil, de Luiz E. Anelli. São Paulo: Peirópolis, 2011.
O livro conta como os paleontólogos descobriram as características dos 23 dinossauros brasileiros. Quem são esses animais?

O guia dos curiosos – invenções, de Marcelo Duarte. São Paulo: Panda Books, 2007.
Nesse livro você encontra a história de invenções que fazem parte de nosso cotidiano, como a casquinha de sorvete, o papel higiênico, o zíper.

O mundo dos animais: um interativo atlas dos animais, de Hannah Pang. São Paulo: Tiger Tales, 2016.
Da pequena formiga à imensa baleia-azul, conheça animais de todas as partes do planeta e descubra como eles sobrevivem e como se adaptam aos ambientes mais diversificados.

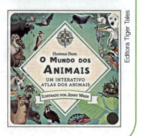

UNIDADE 5
Quem conta um conto...

1. Observe as cenas a seguir e leia as legendas.

Andre Selga, o novo chefe da aldeia Kokemnoure, ouve a história de sua linha de chefe contada pelos griôs. Burkina Faso, África, 2007.

Contação de histórias para crianças guaranis da aldeia Pindo-Te. Pariquera-Açu, São Paulo, 2010.

a) O que está acontecendo nas cenas?
b) Em que lugar elas se passam? Dá para arriscar uma resposta?
c) O que você nota de comum entre essas imagens? E de diferente?
d) Que atividade é apresentada nas fotografias?
e) Você já participou desse tipo de atividade?

131

Antes de ler

Histórias, cantigas de roda, parlendas, trava-línguas são manifestações populares que encontramos nas diferentes regiões do Brasil. Transmitidas de geração em geração, elas fazem parte da tradição oral. Só mais tarde passaram a ser registradas em livros.

Veja alguns exemplos.

Poemas de cordel.

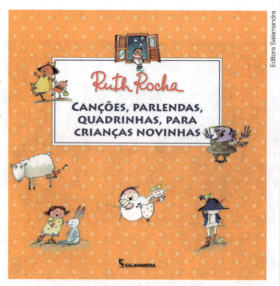

Seleção de quadrinhas, parlendas e cantigas.

Coletânea de contos da tradição oral.

Reconto de histórias.

1. E você? Ouve das pessoas com quem mora histórias contadas a elas por outras pessoas mais velhas?

2. Você sabe o que é um conto popular de tradição oral?

Você vai ler um conto da tradição oral popular brasileira, recontado por Ana Maria Machado – uma grande escritora de literatura infantojuvenil. Ele foi publicado numa coletânea denominada *Histórias à brasileira*, em que a autora narra histórias que ouviu em sua infância.

Leia o título do conto e troque ideias com os colegas. Você sabe o que é uma cumbuca? O que uma cumbuca de ouro teria a ver com marimbondos?

Em seguida, leia o conto e, juntos, descubram se vocês acertaram as respostas!

A cumbuca de ouro e os marimbondos

Há muito tempo, mas também não há tanto tempo assim, numa terra meio parecida com essas terras que a gente vê por aqui, era uma vez dois vizinhos.

Os dois se davam bem, apesar de um ser muito rico, e o outro, muito pobre. Eram compadres e até amigos, mas gostavam de pregar peças um no outro. [...]

Um dia, o pobre foi à casa do rico e pediu:

– Compadre, será que você não podia me emprestar por um tempo um pedaço de terra? Veja um terreno que não estiver usando e não vá lhe fazer falta. Assim eu posso fazer uma roça de milho, plantar um feijão e uma mandioca, e depois posso vender na feira e ganhar um dinheirinho.

O outro concordou:

– Claro, compadre. Que boa ideia!

Mas, como era muito metido a engraçado, resolveu pregar uma peça no pobre. Nem pensou que o amigo precisava mesmo daquele dinheiro e que tinha dificuldade para manter a família. Só pensou como ia ser divertido ver o outro trabalhar, trabalhar todo dia, durante meses, e no fim não colher nada. Escolheu a pior terra que tinha: sem água, numa encosta que era quase uma ribanceira e cheia de pedregulhos, junto a uma mata de onde à noite viriam bichos que gostam de comer raízes – paca, preá, coelho, cutia.

133

Todo contente com o empréstimo, o pobre ficou na maior animação. Gastou o pouco que tinha comprando sementes e, no dia seguinte bem cedo, lá se foi com a mulher e duas enxadas, para começar a capinar o terreno. A mulher havia acordado mais cedo ainda, para preparar a comida que iam levar: dois pratos de feijão com arroz, cada um tapado com outro emborcado. Tudo enrolado num pano de enxugar louça, fazendo uma trouxinha. E uma moringa d'água.

Saíram com tudo aquilo e andaram até chegar na ribanceira onde ia ser a roça. A mulher, quando viu o lugar, bem que estranhou:

– É aqui? Mas que terra ruim, marido...

– Parece ruim porque a gente ainda não roçou. Depois vai dar certo – disse ele, cheio de planos.

Trabalharam a manhã inteira. Cada um com sua enxada. Na hora do almoço, pararam para descansar, e foram beber um pouco d'água da moringa e comer o que haviam trazido.

Como o sol estava muito forte, andaram até a mata ao lado. Todo gentil, o homem resolveu limpar um lugarzinho para a mulher poder sentar à sombra com mais conforto, encostada no tronco da árvore. Afastou com o pé umas folhas secas amontoadas e esbarrou em alguma coisa dura.

– O que é isso? – perguntou ela.

Ele se abaixou para examinar e viu que era uma cumbuca de barro grande e pesada, cheia de moedas de ouro.

– Ficamos ricos, marido! – festejou a mulher.

– De jeito nenhum – protestou ele. – Isso não é nosso. É do compadre. Está na terra dele, que ele só nos emprestou.

Por mais que a mulher insistisse, o marido não quis ficar com o dinheiro. No fim do dia, de volta da roça, passou na casa do compadre rico e contou a ele que havia encontrado um tesouro embaixo da árvore da mata.

– Mas deixei lá, porque está em sua terra e é seu. Trouxe só este punhadinho pra você ver que é verdade.

– Pois fez muito bem. Deixei ali de propósito, para ver se você devolvia – mentiu o rico, pegando aquelas moedas brilhantes, já ganancioso.

Não imaginava como aquele tesouro havia ido parar no seu terreno. Talvez algum bandido tivesse escondido e fora preso. Ou alguém podia ter guardado e morrera antes de ir buscar. Era muita sorte dele.

Logo teve uma ideia, e disse para o compadre:

– Como você foi honesto, passou na prova. Vai ganhar um prêmio. Não precisa voltar lá para lavrar aquela terra horrível. Eu te dou essa onde você tem sua casinha. É pequena, mas já tem uma construção. E você vai poder fazer sua plantação no quintal dos fundos, sem nem precisar ir longe.

Era uma terra pequenininha, bem menor que a outra. Não dava para muita coisa. O pobre ficou meio desapontado, mas o vizinho o convenceu:

– Vai ser de papel passado, venha. Vamos logo ao tabelião.

E foram ao cartório acertar tudo.

[...]

No dia seguinte, lá se foi o dono da terra [...] ver o tesouro. Foi fácil encontrar o lugarzinho limpo de folhas secas. E logo ele distinguiu a grande cumbuca de barro enterrada [...]. Mas, quando foi acabar de desenterrar, viu que não tinha nenhuma moeda de ouro lá dentro. O que brilhava era só o sol passando através das sombras das folhas, com umas formas redondas e amarelas. O que fazia a botija ficar tão pesada era uma enorme casa de marimbondos.

O rico achou que o compadre tinha feito aquilo de propósito, para enganá-lo e ganhar uma terra de papel passado. Resolveu se vingar pregando uma peça nele. Pegou com cuidado a casa de marimbondos, enrolou-a no paletó, com cumbuca e tudo, e guardou na mochila.

Foi direto para a casa do vizinho pobre. Chegou lá bem na hora do almoço, quando o casal estava na cozinha comendo, com os filhos. Aí chamou:

– Compadre, feche a casa toda e deixe só uma banda da janela aberta!

O pobre fez o que ele mandava.

O rico se aproximou, jogou lá dentro a cumbuca com a casa de marimbondos e gritou:

– Compadre, agora feche a janela! É tudo seu!

O pobre fechou.

Batendo no chão, a casa de marimbondos se espatifou inteirinha. Mas, em vez de uma nuvem de insetos voando para todo lado e picando todo mundo lá dentro, o que se viu foi um monte de moedas de ouro se espalhando, se amontoando e rolando pelo chão, pra tudo quanto era lado. Cada marimbondo virava uma moeda.

Rindo sem parar, o pobre chamava a mulher e os filhos para ajudar a recolher aquele tesouro, que parecia que não acabava mais.

Do lado de fora, ouvindo os risos, os gritos e o tilintar das moedas, o vizinho rico pedia:

– Abra a porta, compadre! Abra a janela!

[...]

– Não posso, compadre! Os marimbondos estão matando a gente!

E foi assim que o pobre ficou rico. E o rico, ridículo.

Ana Maria Machado. *Histórias à brasileira: a donzela guerreira e outras.*
São Paulo: Companhia das Letrinhas, 2010. v. 4. p. 66, 67, 69 e 70.

> **Botija:** o mesmo que cumbuca; garrafa bojuda, geralmente feita de barro.
> **Cumbuca:** vasilha feita com a casca do fruto da cuieira; cuia.
> **Emborcar:** virar com a boca para baixo.
> **Encosta:** declive de morro, monte, montanha; ladeira.

SOBRE A AUTORA

Ana Maria Machado nasceu no Rio de Janeiro, em 1941. É autora de mais de 100 livros, publicados no Brasil e em outros países. Ganhou diversos prêmios em reconhecimento à sua contribuição para a literatura, especialmente a infantojuvenil. É membro da Academia Brasileira de Letras, de onde também já foi presidente, de 2011 a 2013.

Conto popular

O conto popular é um dos gêneros mais antigos da tradição oral. E o que significa o termo **popular**? É uma manifestação cultural de caráter universal, nascida espontaneamente.

O conto popular desenvolve características que se repetem em histórias criadas nos mais variados locais e épocas, ainda que esses contos adquiram certas características de onde são contados.

Esse é o caso do personagem popular Pedro Malasartes, que veio de Portugal e aqui, no Brasil, incorporou traços do homem do campo. Na Espanha e em vários países de língua espanhola, ele recebe o nome de Pedro Urdemales e assume características locais.

Estudo do texto

1. Esse conto foi publicado num livro em que a autora reescreve histórias que ouvia na infância.

    a) Quem são os possíveis leitores desse livro?

    _____

    _____

    b) Será que a autora escreveu as histórias exatamente como ela ouviu? Por quê?

    _____

2. Como são descritos os personagens no início do conto? Volte ao texto e sublinhe.

3. No decorrer do texto, por meio das ações dos personagens, podemos conhecê-los um pouco melhor. Relacione cada personagem às suas características.

    a) compadre rico   b) compadre pobre

    ☐ honesto   ☐ gentil   ☐ bondoso

    ☐ ganancioso   ☐ maldoso

4. Por que essas características são importantes para o desenvolvimento da história?

    _____

    _____

    _____

5. Releia o trecho do conto que apresenta uma característica do compadre rico.

    > Mas, como era **muito metido a engraçado**, resolveu pregar uma peça no pobre.

138

Essa característica do compadre rico é positiva ou negativa? Por quê?

_____

_____

> O **conto popular** apresenta, em geral, poucos personagens, mas com características marcantes.

6. No conto, os personagens têm desejos e objetivos diferentes, que acabam entrando em choque.

a) Qual é o objetivo do vizinho pobre? E o do rico?

_____

_____

b) Que acontecimento faz surgir um problema?

_____

> No **conto popular** há uma situação que provoca um problema a ser resolvido no decorrer da narrativa.

7. Complete o quadro com informações do texto.

Situação inicial	
Situação que provoca um problema	
Problema a ser resolvido	
Situação final	

139

8. O conto não explica de que forma a cumbuca trazia ouro para o pobre e marimbondos para o rico. Em sua opinião, o que poderia ter provocado isso?

9. Releia esta parte do conto e observe os trechos numerados.

1) [...] No fim do dia, de volta da roça, passou na casa do compadre rico e contou a ele que havia encontrado um tesouro embaixo da árvore da mata.

2) – Mas deixei lá, porque está em sua terra e é seu. Trouxe só este punhadinho pra você ver que é verdade.

3) – Pois fez muito bem. Deixei ali de propósito, para ver se você devolvia – mentiu o rico, pegando aquelas moedas brilhantes,

4) já ganancioso.

5) Não imaginava como aquele tesouro havia ido parar no seu terreno. Talvez algum bandido tivesse escondido e fora preso. Ou alguém podia ter guardado e morrera antes de ir buscar. Era muita sorte dele.

a) Complete o quadro.

	Fala		
	de quem conta a história	do compadre pobre	do compadre rico
Trecho			

b) Quem conta essa história? Assinale a alternativa correta.

☐ Alguém que não faz parte da história.

☐ Um personagem da história.

> Geralmente os contos populares são narrados em **3ª pessoa**, por alguém que não participa da história. Quem conta a história recebe o nome de **narrador**.

140

10. A história se passa em lugar e período determinados.

a) Em que lugar a história acontece?

_____

_____

b) Quanto tempo ela dura?

_____

> O conto popular costuma se desenvolver em um período de tempo curto e em um espaço limitado.

11. Leia o trecho e observe as expressões destacadas.

> **Há muito tempo**, mas também não há tanto tempo assim, numa terra meio parecida com essas terras que a gente vê por aqui, **era uma vez** dois vizinhos.

Essas expressões:

☐ indicam o tempo exato em que a história acontece.

☐ indicam que não se sabe exatamente quando ela acontece.

☐ não indicam quando a história acontece.

> No conto popular não é possível saber quando a história acontece. Ela se passa em um tempo indeterminado.

12. O compadre rico decidiu "pregar uma peça" por duas vezes no pobre.

a) Que peças foram essas?

_____

_____

_____

141

b) Qual era a intenção do compadre rico ao pregar essas peças? Por quê?

c) Qual é sua opinião sobre a atitude do compadre pobre em relação às "peças" do rico?

13. Como você entendeu este trecho final do texto: "E foi assim que o pobre ficou rico. E o rico, ridículo."?

A linguagem

1. Observe a expressão destacada no trecho.

> [...] mas também não há tanto tempo assim, numa terra meio parecida com essas terras que **a gente vê** por aqui [...].

a) A quem o narrador se dirige?

b) Se o conto fosse narrado em voz alta, a quem o narrador se dirigiria?

c) A expressão "a gente" é mais usada quando falamos ou quando escrevemos?

• Como poderíamos substituir essa expressão?

Os contos populares fazem parte da tradição oral e são transmitidos de geração em geração. Escritores registraram esses contos por escrito, e em muitos deles mantiveram expressões da **linguagem informal**.

2. Releia estes trechos do conto.

> – **Compadre**, será que você não podia me emprestar por um tempo um pedaço de terra? Veja um terreno que não estiver usando e não vá fazer falta. Assim eu posso fazer uma roça de milho, plantar um feijão e uma mandioca, e depois posso vender na feira e ganhar um dinheirinho.
> – Claro, **compadre**. Que boa ideia!
> [...]
> – É aqui? Mas que terra ruim, **marido**...
> [...]
> – Ficamos ricos, **marido**! – festejou a mulher.
> [...]
> – Abra a porta, **compadre**! Abra a janela!

a) Qual é a função das palavras destacadas no trecho?

☐ Atribuir uma característica a alguém.

☐ Chamar alguém ou dirigir-se a alguém.

☐ Mostrar a ação do personagem.

b) Observe no trecho transcrito os sinais de pontuação que aparecem antes e depois das palavras destacadas. Circule esses sinais.

• Como se chama cada sinal de pontuação que você circulou?

_____

_____

Palavras ou expressões utilizadas para chamar alguém ou dirigir-se a alguém são separadas por pontuação, em especial a vírgula.

143

Declamação de quadrinhas, parlendas e cantigas

Às vezes, aprendemos cantigas de roda, de ninar e parlendas com pessoas mais velhas. É assim que esses textos são transmitidos: os pais cantam para os filhos cantigas de ninar que ouviram de seus pais; os irmãos e amigos cantam cantigas de roda e recitam parlendas para brincar.

Nesta atividade, vamos recitar cantigas, parlendas e quadrinhas. Leia algumas delas.

Cantiga de ninar
Nana, neném
que a cuca vem pegar,
papai foi pra roça
mamãe foi trabalhar.

Domínio público.

Cantiga de roda
Ciranda, cirandinha, vamos todos cirandar,
vamos dar a meia-volta, volta e meia vamos dar.
O anel que tu me deste era vidro e se quebrou.
O amor que tu me tinhas era pouco e se acabou.
Por isso, D. Fulana entre dentro desta roda,
diga um verso bem bonito, diga adeus e vá-se embora.

Domínio público.

Quadrinha

As estrelas nascem no céu,
os peixes nascem no mar,
eu nasci aqui neste mundo
somente para te amar!

Domínio público.

Parlenda

Um, dois, feijão com arroz.
Três, quatro, feijão no prato.
Cinco, seis, chegou minha vez.
Sete, oito, comer biscoito.
Nove, dez, comer pastéis.

Domínio público.

De acordo com a orientação do professor, você e os colegas se organizarão em grupos.

1. Vocês conhecem outras cantigas de roda e de ninar, parlendas ou quadrinhas? Com quem aprenderam?

2. Sabem alguma delas de memória? Recitem-na para os colegas.

3. Pesquisem ou escolham um texto da tradição oral e recitem-no para a turma.

4. Vamos produzir uma quadrinha para apresentar aos colegas? O professor vai orientá-lo sobre como fazer.

145

Estudo da língua

Verbos

1. Releia os trechos do conto.

> [...]
> Um dia, o pobre foi à casa do rico e **pediu**:
> – Compadre, será que você não podia me emprestar por um tempo um pedaço de terra?
> [...]
> O outro **concordou**:
> – Claro, compadre. Que boa ideia!
> [...]

a) Assinale a alternativa correta. As palavras destacadas são:

☐ substantivos e nomeiam seres.

☐ adjetivos e caracterizam os seres.

☐ verbos e indicam ações.

b) Em que tempo estão as palavras destacadas no texto?

_____

c) Procure essas palavras em um dicionário. De que forma elas aparecem escritas lá?

_____

2. Os ditados populares também são gêneros da tradição oral. Leia alguns deles e observe os verbos destacados.

> Nunca diga "desta água não **beberei**".

> Dias melhores **virão**.

> Se você der as costas à luz, nada mais **verá** que sua própria sombra.

a) Esses verbos indicam ações que já aconteceram ou que ainda vão acontecer?

_____

_____

b) Em que tempo estão os verbos destacados: presente, passado ou futuro?

_____

_____

> As palavras que se modificam para indicar os tempos passado, presente e futuro recebem o nome de **verbo**.

3. Releia o trecho a seguir.

> – Mas deixei lá, porque está em sua terra e é seu. Trouxe só este punhadinho pra você ver que é verdade.
>
> – Pois **fez** muito bem. **Deixei** ali de propósito, para ver se você devolvia – mentiu o rico, pegando aquelas moedas brilhantes, já ganancioso.

a) Que personagens estão conversando nesse trecho?

_____

b) Que pronomes podem ser usados antes dos verbos destacados para indicar a que pessoa eles se referem?

_____

c) Qual dos pronomes que você escreveu no item **b** se refere:

• ao compadre rico? _____   • ao compadre pobre? _____

> Os verbos, além de indicar os tempos passado, presente e futuro, indicam a **pessoa** que está falando, com quem ela está falando e de quem está falando. O verbo concorda com a pessoa a que se refere. Exemplos: Eu vi a cumbuca. Eles viram a cumbuca.

4. O que acontece com os verbos quando mudamos a pessoa?

> Modificar o verbo para indicar o tempo e a pessoa a que se referem significa **conjugar** o verbo.

No dicionário, os verbos aparecem sem indicar pessoa ou tempo, isto é, no **infinitivo**.

Exemplos: encontrar, falar, fazer etc.

Atividades

1. Releia esta quadrinha.

> As estrelas **nascem** no céu,
> os peixes nascem no mar,
> eu **nasci** aqui neste mundo
> somente para te amar!
>
> Domínio público.

Roberto Weigand

a) Qual dos verbos destacados na quadrinha indica uma ação no presente?

---

b) Qual deles indica uma ação no passado?

---

2. Leia estes ditados populares e observe os verbos destacados.
- Dize-me com quem andas que eu te **direi** quem és.
- Quem **canta** seus males **espanta**.
- **Criou** fama e **deitou** na cama.

a) Em que tempo eles estão?

---

b) A que pessoa se referem?

Leitura 2

O conto popular que você vai ler também faz parte da tradição oral brasileira. Nele, dona Durvalina precisa comprar passagem para viajar com seus nove filhos e com a pata Dedé, mas encontra um desafio.

Qual teria sido o desafio? Como você imagina que ela resolveu o problema?

A aposta

Já há cinco anos sem ver chuva, dona Durvalina percebeu que deveria mudar de vida e do sertão da Bahia.

Vendeu sua terrinha, deu o cachorro e o papagaio à comadre, juntou os nove filhos e resolveu ir para os lados de Minas Gerais, onde morava uma irmã sua.

Antes de tomar o trem, era preciso caminhar um longo trecho, mais longo ainda porque cada um carregava sua pesada trouxa. Dona Durvalina, à frente, levava também um cesto, com a pata Dedé. Não quis desfazer-se da ave, porque um ovo por dia estaria sempre garantido.

Quatro quilômetros depois, viram a estação. Faltava ainda meia hora para o trem partir, mas os poucos passageiros já começavam a embarcar. Contente, a mulher encaminhou-se para o lugar onde se vendiam as passagens. Assim que entrou, viu, bem sobre o guichê, uma grande placa onde estava escrito, em vistosas letras vermelhas: É PROIBIDO VIAJAR COM ANIMAIS.

E agora? Que fazer? Abandonar a pata Dedé? Nunca! Dona Durvalina pôs a tampa no cesto, fechou-o muito bem e foi em frente.

— Dez passagens, por favor! – disse ao vendedor de bilhetes.

— Quem! Quem! – fez Dedé dentro do cesto.

— Como? – perguntou o homem.

— Quero dez bilhetes. Quanto é?

149

— Quem!

— São duzentos cruzados... Mas... Que é que a senhora leva aí nesse cesto? Um pato?

— Não, senhor. Não é um... – procurou explicar dona Durvalina, com um sorriso sem graça.

— Quem! – insistia a pata.

— Não adianta mentir. É proibido viajar com animais. A senhora não leu na tabuleta?

Ouvindo a discussão, agora num tom de voz mais alto, os nove filhos de dona Durvalina pegaram as coisas que carregavam, levantaram-se do banco onde haviam se sentado e vieram para junto da mãe.

— Mas eu tenho nove filhos e...

— Abra o cesto, minha senhora, por favor. É a lei...

— Não é pato – defendeu-se a mulher, já visivelmente nervosa.

— Quem... quem...

— Como não? A senhora acha que sou bobo? Ou surdo? Estou ouvindo o pato grasnar! Só vou vender-lhe as passagens se a senhora abrir esse cesto – disse o homem resoluto.

— Está bem, eu abro. Mas vamos fazer uma aposta: se eu tiver aqui dentro um pato, como o senhor está dizendo, dou-lhe de presente o bichinho e viajo com meus filhos dentro da lei. Mas... se não for pato, vou embarcar de graça, com as nove crianças, e ainda levo meu animalzinho de estimação...

150

– Vou aceitar a aposta, só porque a senhora reconheceu que leva uma ave aí nesse cesto. E também porque vai ser fácil ganhar. Ora, se vai... Hoje vou comer pato assado no jantar!

– Não conte vantagem antes da hora! O senhor pode estar enganado... Afirmo, pela última vez, que não tenho um pato dentro deste cesto!

A essa altura, a fila atrás de dona Durvalina já tinha aumentado. Porém ninguém reclamava da demora. Afinal, todos queriam ver como acabaria aquela história.

– Não vamos discutir mais. O trem vai se atrasar. Vamos! Abra o cesto! – disse o homem, já impaciente.

– Está bem. O senhor é que sabe. A aposta está de pé?

– Sim, claro, claro.

Dona Durvalina abriu o cesto. A cabecinha de Dedé saltou imediatamente para fora.

– Quem! Quem!

– Olhe, mãe – disse o menorzinho dos filhos –, a Dedé botou um ovo!

– Eu não disse ao senhor? Eu não tinha um pato aqui dentro... É uma PATA! Ganhei a aposta! Ganhei a aposta! – gritava a mulher exibindo o ovo para toda a fila.

– Paga! Paga! – falavam todos, em meio a gostosas gargalhadas.

Nada mais restava ao homem: deu os dez bilhetes de graça a dona Durvalina, enquanto ela, feliz e contente, fechava o cesto, empurrando a cabeça de Dedé para dentro.

– Quem! Quem!

> **Cruzado:** nome do dinheiro que circulou no Brasil entre 1986 e 1989.
> **Guichê:** bilheteria.
> **Resoluto:** decidido, determinado.
> **Visível:** que se pode ver.
> **Vistoso:** que chama a atenção.

Suely Mendes Brazão. *Contos de artimanhas e travessuras.* São Paulo: Ática, 1988. p. 65, 67, 68 e 70.

⭐ SOBRE A AUTORA

Suely Mendes Brazão é jornalista, advogada e professora de línguas. É também autora de mais de 75 livros infantojuvenis publicados por várias editoras brasileiras e estrangeiras.

Estudo do texto

1. Dona Durvalina resolveu mudar de vida. Que motivos ela teve para tomar essa decisão?
   _____
   _____

2. No guichê, dona Durvalina encontrou uma placa que quase a impediu de seguir viagem.

   a) Por que ela resolveu esconder a pata Dedé?
   _____
   _____

   b) Qual é a importância da pata para sua dona?
   _____
   _____

3. Por que o vendedor de bilhetes desconfiou da presença do animal dentro do cesto?
   _____
   _____

4. O que dona Durvalina propôs ao vendedor para conseguir viajar com a pata?
   _____

5. Converse com os colegas sobre o texto "A aposta".

   a) Qual é sua opinião sobre as ações de dona Durvalina?

   b) Ela tinha motivos para enganar o vendedor de bilhetes ou poderia ter agido de outra forma?

   Justifique suas respostas com exemplos do texto e da situação de vida da personagem.

152

6. Releia este trecho.

> [...] Dona Durvalina pôs a tampa no cesto, fechou-o muito bem e foi em frente.
> — Dez passagens, por favor! — disse ao vendedor de bilhetes.
> — Quem! Quem! — fez Dedé dentro do cesto.
> — Como? — perguntou o homem.
> — Quero dez bilhetes. Quanto é?
> — Quem!
> — São duzentos cruzados... Mas... Que é que a senhora leva aí nesse cesto? Um pato?

a) Que sinal foi utilizado antes das falas de dona Durvalina, do vendedor de bilhetes e do grasnado da pata?

_____

b) Nesse trecho, onde mais esse mesmo sinal aparece?

_____
_____

> O **travessão** (–), nos diálogos, indica o início da fala dos personagens. Ele pode também separar a fala do personagem da voz do narrador.

7. Releia e observe os trechos destacados.

> — Olhe, mãe — **disse o menorzinho dos filhos** —, a Dedé botou um ovo!
> — Eu não disse ao senhor? Eu não tinha um pato aqui dentro... É uma PATA! Ganhei a aposta! Ganhei a aposta! — **gritava a mulher** exibindo o ovo para toda a fila.
> — Paga! Paga! — **falavam todos**, em meio a gostosas gargalhadas.

153

a) A quem os trechos destacados se referem? Marque com **X** a alternativa correta.

☐ À dona Durvalina.

☐ Ao vendedor de bilhetes.

☐ Ao narrador.

b) Que verbos aparecem nos trechos?

_____

c) O que eles indicam?

_____

_____

> Os **verbos de elocução** – verbos que anunciam a fala – são utilizados pelo narrador para mostrar o que o personagem irá fazer naquele momento: falar, gritar, perguntar, responder etc.

8. Quais qualidades podem ser atribuídas à dona Durvalina? Assinale as alternativas adequadas.

☐ Inteligente.　　　☐ Orgulhosa.

☐ Impaciente.　　　☐ Esperta.

9. Qual era a intenção de dona Durvalina ao propor uma aposta ao vendedor?

_____

• Por que o que ela propôs deu certo?

_____

_____

> Há vários tipos de conto popular. O que você leu é um **conto de esperteza**. Nos contos populares de esperteza, geralmente os personagens principais usam a astúcia e a artimanha para garantir a sobrevivência ou vencer os poderosos.

10. Nos contos populares, assim como nas narrativas em geral, os fatos do enredo são organizados em: situação inicial (como está o personagem no início), conflito (problema a ser solucionado) e situação final (resolução do conflito).

Complete o quadro a seguir com informações do texto.

Conto "A aposta"	
Situação inicial	_____ _____ _____ _____
Conflito	_____ _____ _____ _____
Situação final	_____ _____ _____ _____

O que aprendemos sobre...

Conto popular

- Narrativa relativamente curta, que tem origem na tradição oral.
- Por ser de tradição oral, apresenta linguagem informal e espontânea.
- Nele há poucos personagens, com características marcantes e cenários reduzidos.
- Como toda narrativa, apresenta: situação inicial, conflito (problema) e situação final (resolução do conflito).
- Não é possível saber quando a história acontece, ou seja, o tempo é indeterminado.

Outra leitura

Você já ouviu algum "causo"?

Agora vai ler e ouvir um causo contado por Rolando Boldrin, cantor, violeiro, apresentador de TV e grande contador de histórias.

O bom administrador de fazenda

Pra quem não sabe, aqui vai uma explicaçãozinha do que é um administrador de fazenda. É aquele homem de confiança do dono da fazenda que entende de tudo nesse ramo: sabe lidar com plantações, criação de gado, cavalo, galinha etc. e tal. E, enquanto o fazendeiro curte a vida na cidade ou executa outros afazeres por lá, o administrador segue tocando a vida da fazenda. É uma responsabilidade muito grande, essa.

De vez em quando, o fazendeiro aparece pra dar uma geral. Ver se está tudo em ordem, se a colheita foi boa, etc.

No causo em questão, o fazendeiro tinha arranjado um novo administrador e havia lhe recomendado o seguinte:

FAZENDEIRO – Sêo Antônio. Como o senhor sabe, a minha fazenda é cortada por uma estrada de ferro, onde sempre está passando trem. A recomendação que faço é para que o senhor esteja sempre atento para que o tal trem não mate nenhuma cabeça de gado ou qualquer criação. Quando ele passar, o senhor já deverá ter recolhido para o curral todos os animais para depois soltá-los no pasto de novo. Entendeu?

156

CAIPIRA – Sim, sinhô. Pode dexá, que esse tar de trem aí, que eu nem cunheço ainda, num há de matá nenhum animar do sinhô.

Vale esclarecer aqui que esse administrador não tinha nenhuma prática desse trabalho. Era sua estreia nessa função. O fazendeiro estava testando o dito cujo, porque o antigo administrador tinha abandonado o emprego.

Pois bem. Feitas as recomendações, o dono da fazenda volta pra cidade para somente retornar à propriedade um mês depois. Pra seu espanto, haviam morrido umas dez cabeças de gado, vitimadas pelo mardito trem.

FAZENDEIRO (bravo) – Mas eu não lhe avisei, sêo Antônio, que era pra tomar cuidado com o trem, para que ele não matasse nenhum animal? Como o senhor deixou que isso acontecesse???

CAIPIRA (justifica, na lógica dele) – Óia aqui, sêo Coroné! O trem matô déis cabeça, num é? Mas eu lhe digo que o sinhô teve até sorte. Sabe por quê? O tar trem veio de frente... de cumprido. Se ele viesse anssim de lado... de banda, tinha matado a boiada inteira...

Naturalmente o fazendeiro virou-se e escapuliu dali depressa... sem mais assunto.

> Rolando Boldrin. *Proseando – causos do Brasil.*
> São Paulo: Nova Alexandria, 2005. p. 20-22.

1. Converse com os colegas e o professor e faça o que se pede.

a) Que recomendação o dono da fazenda fez ao administrador?

_____

_____

b) Por que o administrador não seguiu a recomendação do fazendeiro?

_____

_____

c) A explicação dada pelo administrador ao fazendeiro pode ser considerada uma artimanha? Por quê?

_____

_____

d) Dê um exemplo de reprodução da linguagem oral no causo.

_____

_____

e) Em sua opinião, de que lugar são as características dessa fala?

_____

_____

_____

2. Assista ao vídeo em que o cantor, escritor e apresentador Rolando Boldrin canta uma canção baseada num poema de Patativa do Assaré, um grande poeta popular (disponível em: <http://tvcultura.com.br/videos/44917_vaca-estrela-e-boi-fuba-por-rolando-boldrin-sr-brasil-15-11-15.html>, acesso em: 9 out. 2017).

Em seguida, converse com os colegas.

a) Que história é contada na canção?

b) Quem conta essa história? Como essa pessoa se sente?

c) A que região essa fala remete?

d) De que palavras entendemos o significado apesar da forma diferente com que são faladas?

3. Entre o conto popular e o causo há semelhanças. Mas, no quadro a seguir, há uma característica intrusa ou falsa. Quem é capaz de descobrir qual é? Marque **V** ou **F**.

Conto popular/Causo – Características	
1. São escritos em 3ª pessoa.	
2. Apresentam poucos personagens.	
3. Apresentam espaço restrito.	
4. Em ambos o tempo é preciso (sabe-se quando a história aconteceu).	
5. A história dura um curto período de tempo.	
6. O causo apresenta mais interferência da linguagem oral na linguagem escrita do que o conto popular.	

158

Conto popular

Nesta unidade, você leu dois contos populares: "A cumbuca de ouro e os marimbondos" e "A aposta". Agora você vai conhecer outra história de tradição oral: "A panela mágica".

Leia o início do conto e depois observe as ilustrações. Com base nelas, você vai continuar a história.

Quando os contos estiverem prontos, você e os colegas vão montar um grande mural com eles, de modo que todos possam observar as diferentes formas de recontar a mesma história.

A panela mágica

Malasartes não perdia a oportunidade de divertir-se e de alguma forma lucrar à custa da ingenuidade [...] dos outros. [...]

Recordo-me de certa vez em que ele, viajando pelo mundo, sua maior paixão, comprou uma panelinha [...] para fazer comida. Pouco depois, acampado no meio do mato, lá estava ele cozinhando seu almoço, quando avistou um grupo de tropeiros passando pela estrada. Um deles acenou para ele.

– O cheiro está muito bom, moço – comentou o tropeiro. – Tem pra mais um aí?

Malasartes sorriu astuciosamente e respondeu:

– Como não? Chegue mais perto, viajante!

Enquanto os tropeiros desmontavam e se aproximavam, apressou-se em cavar um buraco e empurrou para dentro todas as brasas e tições, cobrindo tudo com a terra. Em seguida, colocou por cima a panela que fervia, o cheiro do ensopado espalhando-se convidativamente em todas as direções. Os tropeiros ficaram espantados ao ver a panela fervendo sem fogo algum.

– Mas como é que você consegue? – espantou-se um deles. – Ninguém consegue cozinhar sem fogo...

159

Malasartes, muito cândida, mas falsamente, explicou que aquela panela era mágica.

Claro, de início ninguém acreditou, mas como o ensopado continuasse a ferver dentro da panela, as dúvidas começaram a aparecer. [...]

Júlio Emílio Brás. *As aventuras de Pedro Malasartes*. São Paulo: Cortez, 2004. p. 34-36.

E agora? Como será que a história continua? Observe as cenas e descubra o final da história.

Planejamento

O roteiro a seguir pode ajudá-lo a planejar seu texto.

- Pedro Malasartes usa sua esperteza para obter benefícios. De que forma ele pretende enganar os tropeiros?
- A panela é realmente mágica?
- Por que os viajantes acreditam que ela seja mágica?
- O que você imagina que Pedro Malasartes vai fazer com a panela?
- Como será o final da história?

Escrita

Escreva sua versão da história prestando atenção na pontuação usada para mostrar a fala dos personagens e nos verbos utilizados pelo narrador para mostrar as ações deles. Reproduza nos diálogos a variação linguística adequada aos personagens, como estudado na seção **Outra leitura**.

Revisão

Releia sua produção atentando para os seguintes pontos:

- Você escreveu uma continuação da história baseada nas ilustrações?
- A continuação do conto tem relação com a parte inicial?
- Você usou a pontuação correta para mostrar a fala de cada personagem?
- O final do conto mostrou a esperteza de Pedro Malasartes?

Reescrita e apresentação

Corrija o que for necessário e mostre o texto ao professor. Depois de pronto, coloque seu trabalho no mural para compartilhar sua versão da história com os colegas.

Leia os textos dos colegas e comentem as semelhanças e diferenças que aparecem entre as diversas continuações que vocês criaram.

Em sua opinião, por que há diferentes versões de uma mesma história?

Acentuação das paroxítonas

1. Leia estas palavras e circule a sílaba tônica de cada uma.

mesa	sótão	órfãos	urubu	mágica
fácil	panela	amável	júri	brincar
viajar	sabão	pata	Brasil	legal
caráter	animal	âmbar	choque	militar
mamão	órgão	limão	lápis	açúcar

a) Observe a posição da sílaba tônica das palavras e complete o quadro com elas.

Oxítonas	Paroxítonas	Proparoxítonas

b) Como terminam as palavras paroxítonas acentuadas?

_____

162

2. Junto com um colega, escreva a primeira regra de acentuação das palavras paroxítonas. Vamos lá?

Volte ao quadro e observe as palavras acentuadas que você escreveu na coluna das paroxítonas. Em seguida escreva a regra.

_____

_____

_____

Atividade

1. Uma aluna do 4º ano fez uma pesquisa de palavras, mas não sabe quais devem ser acentuadas. Vamos ajudá-la? Leia as palavras em voz alta.

jogador	iris	moça	livro	bambu	farol	futil
ponte	raiz	bolacha	oasis	safari	habitação	fuzil
	apito	homem	texto	sol	maçã	

a) Quais dessas palavras não são acentuadas?

_____

_____

_____

b) Quais são paroxítonas?

_____

_____

_____

c) Quais devem ser acentuadas?

_____

_____

_____

1. Leia este conto, reescrito por Gustavo Barroso.

O caboclo, o padre e o estudante

Um estudante e um padre viajavam pelo sertão, tendo um caboclo como bagageiro. Deram-lhe, numa casa de beira de estrada, um pequeno queijo de cabra. Não sabendo como dividi-lo, pois mal daria diminuto pedaço para cada um dos três, o padre decidiu que todos dormissem e, quando acordassem, o queijo seria inteirinho daquele que contasse o sonho mais bonito. Desta sorte, o sacerdote pensava engabelar os outros dois com os recursos de sua instrução [...]

Todos aceitaram o alvitre e foram dormir. Durante a noite, o caboclo levantou-se, foi ao queijo e comeu-o.

Pela manhã, os três preparavam-se para tomar café e cada qual teve de contar seu sonho. O padre disse ter sonhado com a luminosa escada de Jacó, pela qual, entre anjos brilhantes e músicas divinas, subira triunfalmente até o céu [...]. Então o estudante contou que sonhara estar já dentro do céu, [...] à espera que o padre acabasse de subir a escada e chegasse até ele! O caboclo sorriu e falou:

– Eu sonhei que via *seu* padre subindo a escada e *seu* doutor dentro do céu, rodeado de anjos, enquanto eu ficava cá embaixo na terra, gritando: – *Seu* doutor, *seu* padre, o queijo! Vosmincês esqueceram o queijo. – Aí, vosmincês respondiam lá de longe, do alto do céu: – Come o queijo, caboclo! Come o queijo! Nós estamos no céu e não queremos queijo! [...] E o sonho foi tão forte, tão forte que eu pensei que era verdade, me levantei, enquanto vosmincês sonhavam com o céu, e comi mesmo o queijo...

Gustavo Barroso. *Ao som da viola: folclore*. Rio de Janeiro: Departamento de Imprensa Nacional, 1949. p. 347.

> **Alvitre:** sugestão; conselho.
> **Engambelar:** enganar.
> **Escada de Jacó:** no texto bíblico, é uma escada que vai da terra ao céu e aparece no sonho de Jacó.
> **Vosmincê:** forma popular de "vossa mercê", antiga forma de tratamento que hoje corresponderia ao pronome **você**.

a) O texto apresenta características próprias do gênero conto popular. Qual delas se refere:

- aos personagens?

_____

- ao lugar onde a história acontece?

_____

- à duração da história?

_____

b) Qual era o conflito, isto é, que problema os personagens precisavam resolver?

_____

c) Qual era a intenção do padre ao adiar para o dia seguinte a resolução do problema?

_____

_____

d) Por que esse é um conto de artimanha?

_____

_____

2. Releia estes trechos, observe os verbos destacados e indique em que tempo estão.

a) "Pela manhã, os três **preparavam-se** para tomar café e cada qual **teve** de contar seu sonho."

_____

b) "O caboclo **sorriu** e **falou**: [...]."

_____

c) "Nós **estamos** no céu e não **queremos** queijo."

_____

165

Periscópio

Aqui você encontra sugestões para divertir-se e ampliar seu conhecimento sobre conto popular. Você conhece outros contos populares? Consulte a biblioteca ou peça sugestões aos amigos e ao professor. Compartilhe suas descobertas com os colegas.

Para ler

Causos de Pedro Malasartes, de Júlio Emílio Braz. São Paulo: Cortez, 2011.
Nesse livro estão reunidos cinco contos com Pedro Malasartes, um personagem tradicional dos contos populares, exemplo de esperteza e criatividade.

Histórias à brasileira, de Ana Maria Machado. São Paulo: Companhia das Letrinhas, 2002. v. 1.
A autora reconta, nesse primeiro volume, contos populares que ouviu na infância. Para narrar essas histórias, ela combinou sua memória pessoal com a pesquisa de contos tradicionais e narrativas populares.

Histórias de bichos brasileiros, de Vera do Val. São Paulo: WMF Martins Fontes, 2010.
Os animais são personagens frequentes dos contos populares brasileiros. Histórias de macacos, onças, jabutis, veados, coelhos, cotias e tartarugas fazem parte desse livro. Eles se divertem, fazem travessuras e vivem aventuras.

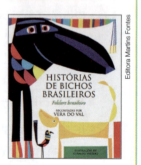

A história de João Grilo e dos três irmãos gigantes, de César Obeid. São Paulo: Editora do Brasil, 2010.
A aventura de João Grilo, personagem da cultura popular brasileira, é contada em versos e estrofes de cordel. A história mostra como o personagem usa muita astúcia e esperteza para conseguir atingir seus objetivos.

UNIDADE 6
Histórias para se divertir

1. Você reconhece os sons representados por escrito a seguir? Relacione cada som a uma cena, de acordo com o sentido.

1 TCHIBUM!!!!
2 ZZZZZZZZZZ!!!!
3 BUÁÁÁ!!
4 SMACK!!!
5 ATCHIM!!
6 NHAC!
7 GLUB, GLUB!!
8 BUMMMMMMMMM!!!

Ilustrações: Claudia Marianno

2. Onde é possível encontrar a representação dos sons escritos dessa forma?

167

Antes de ler

1. Você sabe qual foi a primeira história em quadrinhos publicada no Brasil? Conhece histórias em quadrinhos atuais?

A primeira revista em quadrinhos brasileira chamava-se *O Tico-Tico*. Ela surgiu em 1905 e tinha entre seus personagens o trio Reco-Reco, Bolão e Azeitona.

Veja dois dos quadrinhos produzidos por autores brasileiros.

Turma da Mônica, de Mauricio de Sousa.

A Turma do Pererê, de Ziraldo.

Alguns personagens de HQs ganharam novas versões e suas histórias foram adaptadas para o cinema. Veja alguns filmes baseados em histórias em quadrinhos.

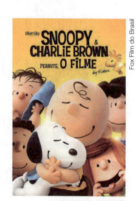

2. Que outras histórias em quadrinhos você conhece?

168

Na história a seguir, você vai conhecer Bill, um cãozinho que vive muitas aventuras. Ele mora com Boule, um menino de 10 anos, e sua família.

Como você verá na HQ, as bagunças de Bill nem sempre agradam aos adultos. O que será que ele aprontou desta vez?

OSSOCULTURA

Sabotar: prejudicar.

Roba e Verron. *Boule & Bill: Que circo!* São Paulo: Nemo, 2013.

⭐ **SOBRE O AUTOR**

A série Boule & Bill foi criada em 1959 pelo desenhista belga Jean Roba. Ele se inspirou no próprio filho e em seu cachorro da raça *cocker* para imaginar as histórias.

Depois de muitos anos, Roba se aposentou e as histórias passaram a ser desenhadas por um de seus assistentes, Laurent Verron.

Estudo do texto

1. A HQ que você leu faz parte da série Boule & Bill. Hoje em dia, há HQs para diferentes públicos: adultos, jovens, crianças. Quem são os prováveis leitores das aventuras de Boule e Bill? Justifique sua resposta.

_____

_____

_____

2. Veja a capa de um livro dessa série. Observe a ilustração e o título da história.

a) Que tipos de história é possível imaginar que o menino e o cãozinho vivem?

☐ Histórias de mistério.

☐ Histórias de aventura.

☐ Histórias de suspense.

☐ Histórias de terror.

b) Que elementos da capa justificam sua resposta?

_____

_____

3. Releia o título da história em quadrinhos da página 169. A palavra que dá título à HQ tem formação semelhante à das palavras **piscicultura**, **apicultura** e **avicultura**.

a) Procure o significado dessas palavras no dicionário e relacione os quadros utilizando setas.

- piscicultura
- apicultura
- avicultura

- criação de abelhas
- criação de peixes
- criação de aves

b) Explique o sentido da palavra "ossocultura", de acordo com a HQ.

_____

c) A palavra "ossocultura" atribui humor ao texto. Por que isso ocorre?

_____

_____

_____

4. A narrativa se passa em dois momentos, indicados pela mudança do tempo e do espaço.

a) Onde cada momento se passa?

_____

b) Que elementos visuais permitem identificar a mudança de lugar na história?

_____

_____

_____

_____

c) E no texto, como a passagem do tempo é indicada?

_____

_____

171

5. A fala inicial do pai de Boule ajuda o leitor a identificar características desse personagem.

a) Como ele parece se sentir nesse momento?

_____

b) Que recursos visuais foram usados para expressar os sentimentos dele?

_____

_____

c) Que motivos ele tem para se sentir assim?

_____

_____

6. Escreva as informações nos quadros de acordo com o texto.

Ação do pai de Boule.	Problema a ser resolvido por Bill.	Solução encontrada para o problema.

7. Como Bill reage à fala do pai de Boule? Por quê?

_____

_____

8. A solução encontrada por Bill para seu problema foi adequada? Justifique sua resposta.

_____

_____

172

9. Releia o último quadrinho da HQ.

a) Na fala da mãe de Boule, a quem o pronome "ele" se refere? Como é possível chegar a essa conclusão?

_____

_____

b) O que se imagina que ela fará em seguida?

_____

A linguagem

1. Nas HQs, a linguagem verbal e a linguagem não verbal se combinam na narração de uma história. Os desenhos podem expressar como os personagens se sentem. Relacione as imagens de Bill com os sentimentos que ele expressa na história.

bravo

satisfeito

surpreso

173

2. Nas HQs, as falas dos personagens aparecem em balões.

a) Como é possível identificar quem está falando em cada quadrinho?

_____

_____

b) No penúltimo quadrinho, a quem pertence a fala que aparece no balão? Como é possível identificar isso?

_____

_____

3. A fala da personagem no penúltimo balão está escrita com letras de tamanho e forma diferentes. Que sentido essas letras acrescentam à fala da personagem?

_____

_____

4. Os balões dos quadrinhos trazem informações sobre o modo como cada personagem se comunica.

a) Observe alguns tipos de balão e escreva no espaço em branco o que cada um deles indica com base em seus conhecimentos.

primiaou/Shutterstock.com

_____ _____ _____ _____

b) Que tipo de balão é usado para indicar a fala de Bill?

_____

c) Por que foi usado esse balão na fala de Bill?

_____

_____

5. Nos balões, as imagens acrescentam sentidos à história. Explique o significado das imagens nos balões dos quadrinhos 4 e 5.

_____

_____

6. Neste quadrinho, outros recursos visuais estão presentes.

a) O que significa a expressão "ZZZ" sobre o cachorro?

_____

_____

b) Qual é o sentido dos ossos dentro do balão?

_____

_____

O que aprendemos sobre...

História em quadrinhos

- A história em quadrinhos combina linguagem verbal e linguagem não verbal.
- As ações dos personagens ocorrem em lugar e tempo determinados.
- Os recursos visuais (expressões dos personagens, traços, movimentos) indicam as características dos personagens.
- As falas dos personagens são apresentadas em diferentes tipos de balão.
- As letras, formas e cores também são recursos que indicam como o personagem fala ou o que sente.

Meu personagem de ficção preferido

Que tal apresentar seu personagem preferido aos colegas? Pode ser um personagem de HQ, de série de televisão ou de filmes.

Planejamento

1. Pesquise o personagem em livros, quadrinhos e na internet.
2. Selecione imagens do personagem para ilustrar sua apresentação (pode ser de uma HQ ou da internet).

O roteiro a seguir pode ajudar você a planejar sua apresentação.
- Nome do personagem e do autor da HQ.
- Características físicas do personagem, poderes, o que ele faz, quais são seus amigos e inimigos.
- Uma aventura marcante vivida por ele.
- Motivo para ser seu personagem preferido.

Escreva todas as informações no caderno. Você poderá consultar esses dados na hora da apresentação para orientar sua fala.

Apresentação

No dia combinado com o professor, a turma será organizada em grupos de cinco pessoas. Cada aluno deve apresentar oralmente seu personagem aos colegas do grupo. Use as imagens do personagem para ilustrar sua fala.

Avaliação

Depois que cada colega falar sobre seu personagem, avalie a apresentação dele.
- As principais características do personagem foram apresentadas?
- O colega justificou a escolha do personagem?
- A fala dele foi adequada (nem rápida nem lenta demais)?
- Foi possível ouvir o que ele disse?
- Que outras sugestões você poderia dar para seu colega para uma próxima apresentação oral?

O substantivo varia

1. Leia esta HQ e conheça os moradores de um lugar muito especial.

Disponível em: <http://chc.org.br/no-fundo-do-mar/>. Acesso em: 19 ago. 2017.

a) No segundo quadrinho, a quem a fala do peixe é dirigida?

_____

b) Observe esta fala do peixe: "Galera, bem-vindos! Aqui somos **muitos**, sabe?!".

A que se refere a palavra "aqui"?

_____

c) Qual é a função da fala do peixe na tirinha?

_____

d) O que há em comum entre as palavras citadas pelo peixe nos quadrinhos 3 e 4?

_____

e) Qual é a função das palavras "crustáceos" e "moluscos" no texto?

☐ Indicam qualidades dos seres.

☐ Indicam os nomes dos seres.

☐ Indicam ações dos seres.

f) Que outras palavras na tirinha exercem a mesma função de "crustáceos" e "moluscos"?

_____

g) O que as palavras "peixinhos" e "peixões" indicam a respeito desses animais?

_____

Diminutivo e aumentativo

Na HQ, as palavras citadas pelo peixe nos quadrinhos 3 a 5 são substantivos.

Na língua portuguesa, o substantivo varia para indicar tamanho. Pode estar na forma normal, no diminutivo ou no aumentativo. Observe o exemplo.

peixe → normal   peixinho → diminutivo   peixão → aumentativo

Ilustrações: Claudia Marianno

178

Além de tamanho, a variação do substantivo também pode indicar um tratamento carinhoso (amorzinho, amigão), desprezo, crítica (cabeção, timinho) ou intensidade (calorão).

1. Veja os títulos de notícias a seguir. Que ideia o aumentativo ou diminutivo dos substantivos destacados indica?

Disponível em: <http://bhaz.com.br/2016/12/09/chuva-e-friozinho-seguem-em-bh-ate-a-proxima-semana/>. Acesso em: 13 jun. 2017.

Disponível em: <www.tribunapr.com.br/noticias/curitiba-regiao/calorao-de-verao-tem-data-para-deixar-curitiba-veja-previsao/>. Acesso em: 13 jun. 2017.

> Os substantivos podem estar na forma normal, no diminutivo ou no aumentativo.
> As formas aumentativa e diminutiva indicam tamanho e também podem ter outros sentidos: carinho, intensidade e crítica.

Singular e plural

Os substantivos variam em relação ao número e podem estar:
- no **singular** – quando designam um único ser. Exemplo: peixe.
- no **plural** – quando designam mais de um ser. Exemplo: moluscos.

179

Para formar o plural dos substantivos, a regra geral é acrescentar **s** às palavras. Exemplos:

peixe – peixe**s**   turista – turista**s**
robô – robô**s**   guri – guri**s**

Conheça outras regras de formação do plural.

Palavra terminada em	Regra	Exemplo
-m	plural em **ns**	nuve**m** – nuve**ns**
-r ou -z	plural em **es**	cola**r** – cola**res** carta**z** – carta**zes**
-al -el -ol -ul	plural em **is**	cor**al** – cora**is** an**el** – an**éis** carac**ol** – caracó**is** az**ul** – azu**is**
-ão	plural em **-ãos, -ães, -ões**	ch**ão** – ch**ãos** p**ão** – p**ães** bal**ão** – bal**ões**

Atividades

1. Leia a tirinha da Mônica.

a) Os sentimentos da mãe de Mônica são diferentes em cada quadro da tirinha. Como ela se sente em cada momento? Como é possível identificar isso?

___
___

b) Qual parece ser a intenção de Mônica ao dar o vestido à mãe? Justifique sua resposta.

_____

_____

_____

c) A mãe de Mônica se refere a ela como "filhinha". Que sentido tem o diminutivo na fala da mãe?

☐ Tamanho.   ☐ Carinho.   ☐ Crítica.

d) Escreva um substantivo que tenha o mesmo significado de cada expressão.

- vestido pequeno _____

- vestido grande _____

2. Complete as lacunas do texto com o plural das palavras do quadro a seguir.

| animal | odor | pinguim | casal | fiel |

http://recreio.uol.com.br/noticias/curiosidades/animais-podem-se-apaixonar.phtml#.WGEelxsrLIU

_____ podem se apaixonar?

Isso nunca foi comprovado pela ciência. O que se sabe é que eles lutam por parceiros e que as conquistas são disputadas. Por exemplo: muitas espécies de ave usam o canto ou as penas coloridas para atrair as fêmeas, mamíferos lutam (muitas vezes até a morte) para ganhar uma parceira e outras espécies

podem usar _____ e até danças para chamar a atenção. Sabia

que algumas aves, como as araras, papagaios, cisnes e _____,

formam _____ que são _____ durante toda a vida? Quando um dos parceiros morre, o sobrevivente fica sozinho e, algumas vezes, chega a morrer por causa da solidão.

Disponível em: <http://recreio.uol.com.br/noticias/curiosidades/animais-podem-se-apaixonar.phtml#.WGEelxsrLIU>. Acesso em: 19 ago. 2017.

181

Você vai ler uma história com a personagem Marina, que faz parte da Turma da Mônica. Observe o primeiro quadrinho: Em que lugar você acha que Marina está? Sobre o que você imagina que seja a história?

Mauricio de Sousa. Revista *Turma da Mônica*. Marina – Achados e perdidos. São Paulo: Globo. N. 209.

Estudo do texto

1. A história de Marina foi publicada em uma revista da Turma da Mônica.

    a) Com certeza você conhece alguns personagens dessa turma. Comente com os colegas alguma aventura deles.

    b) Quem são os possíveis leitores dessas histórias em quadrinhos?

    _____
    _____

2. Assinale o título que resume melhor a história de Marina.

    ☐ O homem e a natureza.

    ☐ Como conservar as árvores na natureza.

    ☐ A poluição e a destruição da natureza.

    ☐ Poluição dos rios.

3. Marina passa por vários espaços durante a narrativa.

    a) Quais lugares aparecem nos três primeiros quadrinhos?

    _____
    _____

    b) Que elementos na paisagem são estranhos a esses lugares?

    _____
    _____

    c) Por que esses elementos aparecem na história?

    _____
    _____
    _____

183

4. Observe novamente os três primeiros quadrinhos prestando atenção às expressões de Marina.

a) Como ela parece se sentir ao passar por esses lugares?

_____

_____

b) Que recursos visuais foram usados para expressar esses sentimentos?

_____

_____

c) Por que Marina tem esses sentimentos?

_____

_____

5. Marina viu várias cenas ao andar pela cidade.

a) Que problemas ela encontrou no caminho?

_____

_____

b) Como você imagina que esses problemas poderiam ser solucionados? Converse com os colegas.

6. Marina vai a uma seção de Achados e Perdidos, o que produz o humor da história.

a) Em que lugares é comum haver essa seção?

_____

_____

b) O que normalmente as pessoas procuram nessa seção? Dê exemplos.

_____

_____

184

c) O que Marina foi procurar pode ser encontrado em uma seção de Achados e Perdidos? Justifique sua resposta.

_____

_____

7. Com que finalidade essa história é apresentada ao leitor?

☐ Produzir humor. ☐ Causar emoção.

☐ Fazer uma crítica. ☐ Criar suspense.

• Justifique sua resposta.

_____

_____

_____

Para saber mais

Turma da Mônica

A Turma da Mônica faz parte de uma série de histórias em quadrinhos que começou a ser publicada em 1959, em tirinhas de jornal. Os personagens principais das primeiras histórias eram Bidu e Franjinha. A partir dos anos 1960, a série cresceu com a chegada de novos personagens: Mônica e Cebolinha.

Hoje em dia, esses mesmos personagens, mais crescidos, fazem parte também da série Turma da Mônica Jovem e vivem novas aventuras.

O que aprendemos sobre...

História em quadrinhos

- As características dos personagens são representadas pela fala, pelas atitudes deles e pelos recursos visuais (expressões, sinais, movimentos etc.).
- O personagem encontra um desafio que precisa ser resolvido ao final da narrativa.

185

Giramundo

Tirinhas

As tirinhas trabalham a linguagem verbal e a não verbal para contar uma pequena história. Geralmente elas são formadas por três quadrinhos e tratam dos mais variados temas.

1. Leia a tirinha do personagem Armandinho, um menino muito esperto que sempre tem uma boa resposta para os adultos.

Alexandre Beck. *Armandinho Três*. Florianópolis: A. C. Beck, 2014. p. 48.

a) A quem Armandinho se refere ao falar "depende de vocês"?

___

b) No terceiro quadrinho, a que o menino se refere com as palavras "tudo" e "lá"?

___

c) Você já leu a HQ com a personagem Marina. Compare essa história com a tirinha de Armandinho.

• O que há em comum entre os temas das duas histórias?

___

___

• E quanto à linguagem? O que há em comum entre elas?

___

Outra leitura

Os personagens dos quadrinhos também são usados em textos que não contam uma história. Leia o texto a seguir.

Disponível em: <http://turmadamonica.uol.com.br/turma-da-monica-da-dicas-de-como-usar-a-agua-conscientemente/>. Acesso em: 19 ago. 2017.

1. Observe as diferentes cenas da imagem.

    a) O que elas têm em comum?

    _____

    _____

    b) Que título poderia resumir essas cenas?

    ☐ Cuidando da saúde com economia de água.

    ☐ Em casa, salvando o planeta.

    ☐ Cuidando da saúde e da casa com economia de água.

    ☐ Cuidando da casa com economia de água.

2. Observe os balões das cenas. Qual é a função deles?

    _____

3. O texto com as dicas foi publicado em uma HQ dirigida ao público infantil.

    a) Com que finalidade essas dicas são apresentadas ao leitor?

    _____

    b) Quem é o possível leitor das dicas?

    _____

4. Essas dicas são úteis para esse leitor?

    _____

    _____

5. Qual é o significado da palavra "conscientemente" no título do texto?

    _____

    _____

6. Você conhece outras dicas para economizar água? Em que situações elas podem ser úteis? Conte-as aos colegas.

188

Produção de texto

História em quadrinhos

A turma será organizada em duplas, e cada uma produzirá uma história em quadrinhos sobre determinado tema. Depois de prontas, elas serão publicadas em uma revista para que todos possam conhecer as diferentes versões da mesma história.

Planejamento e escrita

A turma deverá escolher um único tema para a história. Veja algumas sugestões: a relação do homem com a natureza, o uso da água, a poluição, os cuidados com as áreas verdes etc. Depois cada dupla deverá seguir o roteiro abaixo.

1. Planejem os elementos da história:
   - personagens (características físicas, vestimenta, sentimentos);
   - lugar onde se passa a história (Será um só lugar ou mais de um? Como é (são) esse(s) lugar(es)?);
   - tempo da história (A história se desenvolverá em um só momento ou em mais de um?);
   - narrativa (O que acontece no começo da história? Qual é o desafio que o personagem tem de solucionar? O que ele faz para resolver o desafio, a situação final? Será uma história com aventuras, com humor, com suspense?).

2. Escrevam um resumo do que acontecerá e o dividam em partes correspondentes a cada quadrinho da história.

3. Façam um roteiro para organizar as ideias e escrevam as informações de cada quadrinho.

Quadrinho 1

- Lugar: _____
- Personagens: quem e o que estão fazendo (andando, falando, pensando, gritando etc.).
- Fala dos personagens: sobre o que estão conversando; como serão os balões de fala.

4. Lembrem-se de que os recursos visuais são muito importantes para o leitor entender o que está acontecendo. Os balões, os sinais gráficos, o tamanho e a cor das letras são formas de informar ao leitor o que o personagem pensa e sente.

5. Agora é hora de escrever e desenhar sua HQ. Usem uma folha de papel sulfite e dividam-na em quadros, de acordo com o que foi planejado.

Avaliação e reescrita

Depois de pronta a história em quadrinhos, releiam a produção e avaliem o que é necessário modificar. O roteiro a seguir pode ajudá-los a rever o texto.

1. Há um desafio para o personagem da história resolver?
2. Há indicação dos lugares onde acontecem os fatos?
3. A fala dos personagens é apresentada em balões, de acordo com o que eles estão fazendo e sentindo?
4. Os recursos visuais informam ao leitor o que o personagem sente?
5. Como a história mostra a aventura, o humor ou o suspense?

Apresentação

Junto com o professor e os demais colegas, combinem como as HQs produzidas serão apresentadas e publicadas. Sugestões:

- organizar todas as histórias em um livro, que poderá circular entre os alunos e depois ser doado à biblioteca da escola;
- digitalizar as histórias e publicá-las em um *blog* da turma, assim todos poderão acessar as produções.

Palavras terminadas em OSO/OSA

1. Leia esta quadrinha, uma composição poética popular de origem na tradição oral. Como é um texto ensinado oralmente, a autoria se perdeu no tempo.

> Você me chamou de feio,
> sou feio mas sou dengoso,
> também o tempero é feio
> mas faz o prato gostoso.
>
> Quadrinha.

a) De acordo com o contexto, qual é o significado da palavra "dengoso"? Marque o(s) sentido(s) mais adequado(s).

☐ chorão   ☐ sedutor   ☐ esperto   ☐ meigo

b) Que comparação é feita na quadrinha? Você concorda com essa comparação?

_____

c) Quais são as características do tempero e da pessoa que fala no poema?

_____
_____

d) Observe as palavras que rimam no segundo e quarto versos da quadrinha.

> dengoso – gostoso

• Que parte dessas palavras é igual?

_____

e) As palavras "dengoso" e "gostoso" são adjetivos. De quais palavras elas são derivadas?

_____

191

> Na língua portuguesa, muitas vezes basta acrescentar uma terminação a uma palavra para formar outra.
> É o caso dos substantivos "dengo" e "gosto". Veja:
> dengo + **oso** = **dengoso**   gosto + **oso** = **gostoso**.

2. Que outras palavras você conhece que terminam com **-oso** ou **-osa**?

_____

Atividades

1. Complete o diagrama com os adjetivos que podem substituir as expressões destacadas. O desafio é descobrir onde colocar cada palavra. Já iniciamos para você. Depois complete os itens.

a) casa **cheia de silêncio** – silenciosa _____

b) restaurante **repleto de delícias** – _____

c) comida **cheia de sabor** – _____

d) bailarina **cheia de graça** – _____

e) lugar **repleto de maravilhas** – _____

f) livro **cheio de mistério** – _____

192

2. Quais dos substantivos a seguir podem formar adjetivos terminados em **-oso** ou **-osa**? Marque-os com **X**.

- [ ] Amor.
- [ ] Dor.
- [ ] Morte.
- [ ] Barulho.
- [ ] Capricho.
- [ ] Espaço.
- [ ] Febre.
- [ ] Poeira.

3. Encontre no diagrama adjetivos terminados em **-oso** e **-osa**.

A	W	C	R	E	M	O	S	A	Q	Y	W	U	E
S	S	Z	P	L	M	H	A	N	G	Q	L	J	Ç
D	X	V	E	X	O	Z	R	S	P	G	Z	B	N
G	C	C	A	T	E	N	C	I	O	S	A	J	L
L	F	N	M	W	X	K	R	O	A	T	O	F	A
O	T	X	B	A	T	L	T	S	O	Z	S	Ç	T
Q	G	M	I	S	F	A	B	O	N	D	O	S	A
A	U	G	C	L	Ç	I	T	T	U	H	S	F	I
P	E	R	I	G	O	S	O	Q	V	U	R	O	G
E	V	L	O	T	F	T	R	P	Z	U	H	P	A
T	C	M	S	N	V	O	S	X	P	R	G	U	B
I	D	G	O	R	D	U	R	O	S	A	D	H	X
T	A	F	B	J	U	A	K	Ç	D	L	G	N	S
O	A	V	Z	D	J	M	V	F	G	R	M	S	I
S	B	E	A	U	N	I	L	R	L	G	B	H	D
O	M	O	F	O	B	J	W	X	M	R	P	Z	A

4. Escreva os adjetivos que você encontrou no diagrama.

_____

_____

_____

1. Você conhece a história de Pinóquio? Leia a tirinha e veja como ele ajuda o Cascão.

Disponível em: <http://turmadamonica.uol.com.br/tirinhas/index.php?a=30>. Acesso em: 3 out. 2017.

a) Pinóquio é o personagem de uma história tradicional muito famosa. Por qual característica ele é conhecido?

___

___

b) Por que Cascão pede a Pinóquio que conte mais uma mentira?

___

___

___

c) Observe o segundo quadrinho. Como os personagens estão se sentindo? Por quê?

___

___

___

d) Que recursos visuais foram usados para expressar os sentimentos dos personagens?

___

___

2. O personagem Senninha foi criado em homenagem ao famoso tricampeão mundial de Fórmula 1, o brasileiro Ayrton Senna.

Disponível em: <www.facebook.com/SenninhaOficial/photos/a.1066278860065162.
1073741828.1056784084347973/1525888250770885/?type=3&theater>.
Acesso em: 19 ago. 2017.

a) O que há em comum entre o personagem da tirinha e o famoso campeão mundial?

_____

b) No primeiro quadrinho, aparece um balão de fala.
   • Quem é a pessoa que está falando?

   _____

   • É possível chegar a essa conclusão apenas com as informações desse quadrinho? Por quê?

   _____
   _____

c) Observe o balão de fala no primeiro quadrinho. O que ele indica sobre o modo de falar da pessoa?

_____

d) Na tirinha, alguns sons estão representados por escrito. Qual é o sentido de:
   • "Vrum"? _____
   • "Crash"? _____

195

Construir um mundo melhor

O dia do brincar

Você já pensou que uma mesma brincadeira pode ter muitos nomes e formas de ser realizada, dependendo da região? Veja este exemplo:

Brincadeira "Carrinho de lomba"

No sul do Brasil, lomba significa "ladeira". O carrinho tem esse nome porque serve para brincar nas lombas das cidades.

Passeio de rolimã em Vinhedo, interior de São Paulo, 2016.

E na sua região, como se chama essa brincadeira? Converse com os colegas e veja se há alguma variação no nome pelo qual ela é chamada.

O que fazer

1. Conversar com familiares, colegas da escola, funcionários, vizinhos e conhecidos e levantar quais são as brincadeiras tradicionais que conhecem.
2. Organizar as informações recolhidas e compartilhar com a comunidade escolar, em um dia especial na escola.

3. Assistir a um vídeo na internet que ensina uma brincadeira tradicional.
4. Produzir um vídeo explicando, passo a passo, como se brinca.

Com quem fazer

Junte-se a três ou quatro colegas e formem um grupo.

Preparação

1. O grupo escolhe quatro pessoas para entrevistar. Veja algumas sugestões de perguntas para a entrevista:
   - Qual é (ou foi) sua brincadeira preferida na infância?
   - Como essa brincadeira é realizada?
   - Que material é necessário para brincar?
   - Você conhece alguma variação dessa brincadeira?
   - Em que lugar você aprendeu essa brincadeira?
2. Em seguida, cada grupo seleciona duas brincadeiras para serem registradas em cartazes, que devem ser escritos com letra legível ou produzidos com os textos digitados. Prestem atenção ao tamanho das letras e avaliem se há muita informação no cartaz.

Apresentação e avaliação

1. No dia combinado com o professor, os cartazes serão expostos. Os grupos apresentarão oralmente a brincadeira aos colegas e verificarão se há variações nas formas de brincar.
2. Os grupos avaliarão se os cartazes apresentam as informações necessárias para o leitor entender como é a brincadeira e se estão organizados de modo claro.
3. Por fim, os alunos poderão escolher uma brincadeira que não conheciam ou alguma preferida e, na hora do recreio ou da aula de Educação Física, divertir-se com os colegas.
4. Depois de brincar e dominar as brincadeiras que não conheciam, vocês ensinarão, por meio de um vídeo, outras crianças a brincar. Atentem-se para as instruções do professor.

Periscópio

Aqui você encontra sugestões para divertir-se e ampliar seu conhecimento sobre HQ. Você conhece outras HQs? Consulte a biblioteca ou peça sugestões aos amigos e ao professor. Compartilhe suas descobertas com os colegas.

Para ler

Bear – volume 1, de Bianca Pinheiro. São Paulo: Nemo, 2014.
A garotinha Raven perde-se em uma floresta e não sabe como voltar para casa. No caminho, encontra Dimas, um urso rabugento, mas de bom coração, que resolve ajudá-la.

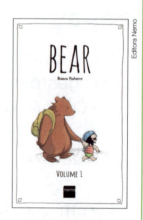

Mutts: os vira-latas, de Patrick McDonnell. São Paulo: Devir, 2008.
Duque, o cão, e Chuchu, o gato, são animais de estimação de donos diferentes. Eles são amigos e vivem muitas aventuras juntos.

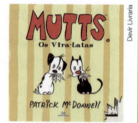

Os doze trabalhos de Hércules: Monteiro Lobato em quadrinhos, de Denise Ortega. São Paulo: Globo, 2012.
A Turma do Pica-Pau Amarelo usa o pó de pirlimpimpim para voltar mais de 2 mil anos no tempo e ajudar Hércules, famoso herói grego, a realizar uma dúzia de missões impossíveis. A história criada por Monteiro Lobato foi adaptada para quadrinhos.

Suriá: a garota do circo, de Laerte. São Paulo: Devir, 2000.
Os pais de Suriá são malabaristas, e ela, que nasceu e vive em um circo, segue o mesmo caminho. Como a companhia viaja constantemente, apresentando-se em várias cidades, Suriá sempre conhece novos amigos, e a convivência com os artistas e os animais do circo é muito intensa.

UNIDADE 7
O que aconteceu? Novidades no ar...

1. As fotografias a seguir registram fatos que ocorreram em diferentes lugares. Observe os detalhes e responda: A que acontecimento cada uma está relacionada? Veja as dicas a seguir.

 I ADOÇÃO

 II NASCIMENTO

 III SUPER-LUA

 IV DIA SEM CARRO

a

b

c

d

199

Antes de ler

1. Como você fica sabendo do que acontece em sua cidade, em seu país ou no mundo?

Existem muitos meios pelos quais as informações chegam até nós: jornais, revistas, emissoras de rádio e de televisão, *sites* etc. Veja algumas delas.

Capas de jornais esportivos.

Pessoa lendo notícia em *tablet*.

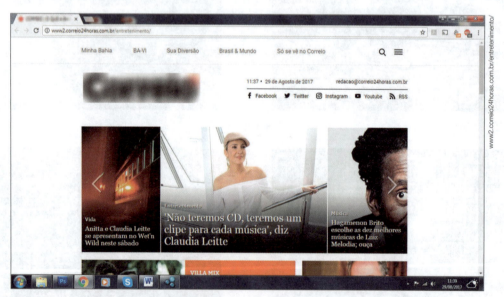

Site de notícias.

2. Comente com os colegas os meios que você usa para se atualizar sobre os fatos importantes do dia.

Você vai ler a seguir uma notícia publicada em um *site*, na seção Natureza, sobre uma ursa que teve um filhote.

Você imagina por que o nascimento desse animal virou notícia? Confira!

 http://g1.globo.com/natureza/noticia/2016/06/panda-gigante-da-luz-um-filhote-em-zoologico-na-belgica.html

Natureza
02/06/2016 07h23

Panda-gigante dá à luz um filhote em zoológico na Bélgica

Casal de pandas foi cedido há dois anos pelo governo chinês. Filhote nasceu no jardim zoológico Pairi Daiza, em Brugelette.

Um filhote de urso panda-gigante nasceu nesta quinta-feira (2) no zoológico belga Pairi Daiza, na região de Valônia (sul da Bélgica), um evento pouco comum em uma espécie animal que quase não se reproduz em cativeiro.

O zoo e o Centro de Pesquisa e Conservação do Panda-Gigante confirmaram a notícia e divulgaram imagens do filhote com sua mãe, a ursa Hao Hao, de seis anos.

Após o nascimento deste filhote, a Bélgica se transforma no terceiro país europeu que consegue reproduzir com sucesso o urso panda-gigante nos últimos 20 anos, após Áustria e Espanha.

A panda-gigante Hao Hao e seu filhote.

Hao Hao e seu companheiro Xing Hui chegaram há dois anos à Bélgica, e o zoológico Pairi Daiza, um dos mais populares do país, plantou uma floresta de bambu em suas instalações para recriar seu hábitat natural.

O nascimento do urso panda é "um verdadeiro milagre", segundo o centro, que lembrou que atualmente há "menos de 2 mil pandas em liberdade".

"É um momento mágico, que pode ser considerado como o resultado de 18 meses de um árduo trabalho", declarou o diretor de Pairi Daiza, Eric Domb, em entrevista coletiva.

Domb precisou que o filhote é macho, peso 121 gramas e já "bebe leite materno e quando volta para casa com sua mãe, ela o pega com sua boca".

[...]

O filhote, no entanto, só permanecerá na Bélgica durante 3 ou 4 anos – até que chegue à idade adulta – e depois será transferido à China, já que é propriedade das autoridades do país asiático, informou o zoo.

[...]

Menos de 2 mil pandas vivem em liberdade nas províncias chinesas de Sichuan, Shaanxi e Gansu, ao oeste do país, enquanto cerca de 400 estão em cativeiro por todo o mundo.

A população de pandas selvagens cresceu 16,3% na última década e atualmente existem 67 reservas naturais para o panda na China, 27 a mais que na década passada.

No entanto, o urso panda ainda enfrenta muitos desafios para sua conservação, entre eles a fragmentação de seu hábitat fora das reservas naturais e ameaças tradicionais como a caça ilegal, segundo o Fundo Mundial para a Natureza (WWF).

Agência Efe, 2 jun. 2016. Disponível em: <http://g1.globo.com/natureza/noticia/2016/06/panda-gigante-da-luz-um-filhote-em-zoologico-na-belgica.html>. Acesso em: 5 maio 2017.

Cativeiro: lugar onde ficam animais não domésticos com finalidade de pesquisa, reprodução de espécies ou mesmo diversão, no caso dos zoológicos.
Hábitat: local com ambiente adequado para a manutenção da vida dos animais.

Para saber mais

Onde fica a Bélgica

Bélgica: político – 2016

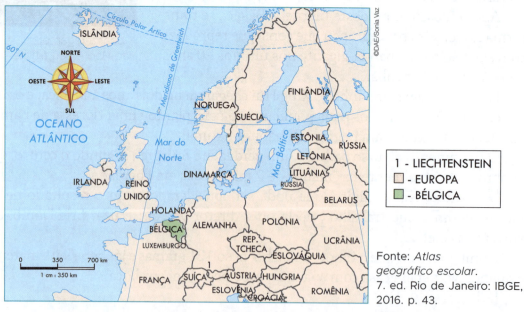

Fonte: *Atlas geográfico escolar*. 7. ed. Rio de Janeiro: IBGE, 2016. p. 43.

202

 **Estudo do texto**

1. Um *site* de notícias apresenta informações sobre diferentes temas (por exemplo: esportes, cultura, política, economia etc.) A notícia do nascimento de um panda foi publicada na seção Natureza. Qual dos títulos a seguir também poderia ser publicado nessa seção?

Disponível em: <http://globoesporte.globo.com/paralimpiadas/noticia/2016/09/brasileiros-vencem-favoritos-e-levam-bronze-no-tenis-de-mesa.html>. Acesso em: 5 abr. 2017.

Disponível em: <http://g1.globo.com/natureza/noticia/2016/10/temporais-causam-morte-alagamentos-e-transtornos-no-pais.html>. Acesso em: 5 abr. 2017.

2. Um acontecimento, um evento, uma informação relevante para o leitor pode se transformar em notícia. Responda às questões a seguir, de acordo com o texto, para entender o fato relatado na notícia.

a) O que aconteceu?

_____

b) Quando?

_____

c) Onde?

_____

d) Quem?

_____

203

> A **notícia** é do relato de um fato real, um evento, uma informação relevante, de interesse dos leitores.
> O primeiro parágrafo da notícia recebe o nome de **lide**. Ele geralmente contém as principais informações sobre o que aconteceu (o que, onde, quem, quando, por quê).

3. Esse nascimento parece ser muito especial. Que informações do texto confirmam a importância dele?

_____

_____

_____

4. Segundo a notícia, o zoológico tentou recriar o hábitat do panda reproduzindo na nova moradia uma característica para que ele mantivesse os mesmos hábitos que tinha em seu hábitat. No quadro a seguir, "Quem são os pandas?", ela também é mencionada. Que característica é essa?

_____

_____

Quem são os pandas?

Atualmente existem poucos ursos pandas no mundo, fora de cativeiro. Livres, eles se concentram no sudoeste da China e no planalto tibetano.

Os pandas comem principalmente bambu. Quando estão livres na natureza, eles também comem peixes, flores e animais pequenos. No cativeiro, gostam de leite, ovos, maçãs e cenouras.

Um panda adulto pesa de 75 a 160 quilos e tem altura de 1,20 m a 1,50 m. Vive de 15 a 20 anos na natureza e de 25 a 35 anos em cativeiro.

Panda-gigante em reserva na província de Sichuan, China.

5. Releia:

> O nascimento do urso panda é "um verdadeiro milagre"[...].

Essa frase expressa um fato ou uma opinião? Justifique sua resposta.

_____

_____

6. Foram divulgadas as imagens do filhote com a mãe dele.

a) Quem fez essa divulgação?

_____

b) Com que finalidade as imagens foram divulgadas?

_____

_____

c) Se um turista tivesse tirado uma fotografia do filhote no zoológico e a publicasse em uma rede social, a informação teria a mesma importância? Por quê?

_____

_____

7. O texto traz dados numéricos sobre os ursos pandas nos dias de hoje.

a) Complete as informações a seguir.

- Há cerca de _____ pandas no mundo (entre os que vivem em cativeiro e em liberdade).

- Na década passada existiam _____ reservas naturais para o panda na China.

b) Qual é a importância para o leitor de a notícia trazer esses dados?

_____

_____

_____

205

8. Com que finalidade a notícia apresenta o número atual de pandas?

☐ Mostrar que a situação deles piorou nos últimos tempos.

☐ Enfatizar a pequena quantidade de pandas no mundo.

9. Quais são as principais ameaças à vida dos pandas?

_____

10. Converse com os colegas: todo nascimento de animal pode virar notícia e ser publicado nos meios de comunicação? Por quê?

11. As notícias são veiculadas em diferentes meios. Com que finalidade os leitores ou ouvintes procuram por notícias?

☐ Para se divertir.   ☐ Para se informar.   ☐ Para estudar.

12. Releia o seguinte trecho da notícia sobre o urso panda.

Natureza
02/06/2016   7h23

Panda-gigante dá à luz um filhote em zoológico na Bélgica

Casal de pandas foi cedido há dois anos pelo governo chinês. Filhote nasceu no jardim zoológico Pairi Daiza, em Brugelette.

a) Observe a data e a hora que acompanham a notícia. Essas informações se referem ao momento em que:

☐ o fato aconteceu.   ☐ a notícia foi publicada no *site*.

b) Abaixo do título da notícia há informações que recebem o nome de **linha fina**. Qual é a função da linha fina na notícia?

_____

13. Releia o título da notícia.

a) Que verbo aparece nele? _____

b) Em que tempo esse verbo está conjugado? Marque-o com um **X**.

☐ Presente.   ☐ Passado.   ☐ Futuro.

206

14. Releia estes trechos da notícia e observe as expressões destacadas.

> Hao Hao e seu companheiro Xing Hui chegaram há dois anos à Bélgica, e o zoológico Pairi Daiza, **um dos mais populares do país**, plantou uma floresta de bambu em suas instalações para recriar seu hábitat natural.
> [...]
> "É um momento mágico, que pode ser considerado como o resultado de 18 meses de um árduo trabalho", declarou o diretor de Pairi Daiza, **Eric Domb**, em entrevista coletiva.

a) Qual é a função das expressões destacadas nos trechos?

☐ Dirigir-se ao diretor do zoológico e ao leitor.

☐ Acrescentar uma informação sobre o zoológico e seu diretor.

☐ Mostrar as ações do diretor do zoológico e do próprio zoológico.

b) O que indicam as aspas (" ") no texto acima?

☐ Um sentido diferente da frase.

☐ A fala de uma pessoa.

O que aprendemos sobre...

Notícia

- A notícia é o relato de um fato real, um evento, uma informação relevante, de interesse dos leitores, ouvintes ou telespectadores.
- As notícias são publicadas em diferentes meios (jornais, revistas, *sites*, televisão, rádio) e em diferentes seções ou blocos (política, esporte, cultura, economia, cidade etc.).
- A notícia é composta do título, da linha fina (informações que complementam o título), do lide (principais informações sobre o que aconteceu: o que, onde, quem, quando, por que) e do desenvolvimento da notícia (detalhes do fato ocorrido, dados numéricos, citações de pessoas envolvidas).

207

Giramundo

Animais em extinção

Leia a tirinha de Armandinho sobre os jacarés-de-papo-amarelo – espécie que corre sério perigo de extinção devido à caça e à destruição do ambiente onde vive. Assim como os pandas, esses jacarés precisam ser protegidos.

Alexandre Beck. *Armandinho: quatro*. Florianópolis: Arte & Letras Comunicação, 2015. p. 31.

1. O pai de Armandinho dá um conselho ao filho. Qual perigo o pai pensou que o animal oferecia?

   _____

   _____

2. Armandinho entendeu o conselho do pai? Justifique sua resposta.

   _____

   _____

   _____

3. Os animais que correm risco de extinção podem ser salvos se houver uma mudança de comportamento por parte dos seres humanos. Que atitudes você sugere que tenhamos para evitar a extinção deles?

208

Estudo da língua

Advérbio

1. Leia e compare os textos a seguir, que tratam da mesma notícia, mas são escritos de formas diferentes. Um deles foi publicado em jornal e o outro, adaptado.

> **A** Um filhote de urso panda-gigante nasceu, um evento pouco comum em uma espécie animal que quase não se reproduz em cativeiro.

> **B** Um filhote de urso panda-gigante nasceu nesta quinta-feira (2) no zoológico belga Pairi Daiza, na região de Valônia (sul da Bélgica), um evento pouco comum em uma espécie animal que quase não se reproduz em cativeiro.

Disponível em: <http://g1.globo.com/natureza/noticia/2016/06/panda-gigante-da-luz-um-filhote-em-zoologico-na-belgica.html>. Acesso em: 19 out. 2016.

a) Qual das duas versões da notícia ajuda o leitor a entender melhor o que aconteceu? Por quê?

_____
_____
_____
_____

Zoológico Pairi Daiza, Bélgica, 2016.

b) Localize no trecho **B** as palavras que indicam:

- quando o filhote nasceu; _____
- onde o filhote nasceu. _____
_____

209

> Na língua portuguesa, encontramos um grupo de palavras que indicam as circunstâncias, como o tempo e o lugar em que aconteceu um fato (quando, onde). Essas palavras recebem o nome de **advérbio**.
>
> Um advérbio pode ser representado por uma única palavra (exemplos: ontem, aqui) ou por mais de uma (exemplos: na noite de sábado, no lado esquerdo). Quando um grupo de palavras exerce a mesma função do advérbio recebe o nome de **locução adverbial**.

Há vários tipos de advérbio e de locução adverbial. Veja os exemplos a seguir.

Disponível em: <bahia.ig.com.br/2016/11/24/iluminacao-natalina-de-salvador-foi-inaugurada-ontem>. Acesso em: 3 maio 2017.

Disponível em: <https://gauchazh.clicrbs.com.br/comportamento/noticia/2016/07/porto-alegre-terafeira-para-adocao-de-animais-atropelados-no-sabado-6947333.html>. Acesso em: 3 maio 2017.

Disponível em: <http://jornaldeboasnoticias.com.br/governo-sueco-distribui-bicicletas-para-quem-decide-deixar-o-carro-em-casa/>. Acesso em: 3 maio 2017.

Atividades

1. Você estudou que os verbos indicam quando aconteceu um fato: presente, passado ou futuro. Leia a notícia.

Troca de brinquedos e livros atrai cerca de mil pessoas a parque

Centenas de crianças, acompanhadas de pais e responsáveis, participaram na manhã do domingo (9) da Feira de Troca de Brinquedos e Livros, no Parque Chico Mendes, em Sorocaba. Segundo os organizadores, a feira **recebeu** público de aproximadamente mil pessoas, entre adultos e crianças, que também puderam participar de atividades recreativas e assistir a apresentações musicais. Além das trocas entre as crianças, houve arrecadação de brinquedos que **serão** encaminhados à brinquedoteca do Conselho Tutelar de Sorocaba.
[...]

Disponível em: <www.jornalcruzeiro.com.br/materia/736046/troca-de-brinquedos-e-livros-atrai-cerca-de-mil-pessoas-a-parque>. Acesso em: 2 abr. 2017.

a) Identifique o verbo no título da notícia e indique o tempo em que ele está conjugado.

_____

b) Relacione os verbos destacados na notícia com as ideias a seguir.

• Ação que aconteceu no passado: _____.

• Ação que vai acontecer no futuro: _____.

c) Quando aconteceu a troca de brinquedos e livros?

_____

d) Onde aconteceu esse evento?

_____

211

2. Complete a notícia a seguir com as locuções adverbiais do quadro. Observe as indicações dadas pelas palavras entre parênteses no texto.

> nesta terça-feira | para o museu | na Argentina | esta manhã

https://noticias.terra.com.br/ciencia/animais/menino-encontra-na-argentina-fosseis-que-podem-ter-500-mil-a

Menino encontra _____ (lugar) fósseis que podem ter 500 mil anos

Martín Landini, um menino de 4 anos, encontrou, _____

_____ **(tempo)** em uma praia perto da cidade de Mar del Plata,

província central de Buenos Aires, fósseis que podem ter mais de 500 mil anos,

segundo os primeiros cálculos dos pesquisadores de um dos museus da região.

[...]

Como disse a mãe do menino à Agência Efe, Inés Cordero, Martín e seu

pai, Luis, saíram _____ **(tempo)** em uma de suas

habituais "escapadas paleontológicas" na busca de fósseis, que são abundantes

no litoral de Mar del Plata, e avisaram aos paleontólogos do museu quando

encontraram tantos ossos.

[...]

Após a chamada de Martín, cientistas do Lorenzo Scaglia foram para o lo-

cal e levaram _____ **(lugar)** os fósseis que ficarão

à disposição do especialista Matías Taglioretti, que irá preparar e investigar,

com a finalidade, entre outras, de calcular a idade exata dos fósseis.

[...]

Agência EFE, 6 jul. 2016. Disponível em: <https://noticias.terra.com.br/ciencia/animais/menino-encontra-na-argentina-fosseis-que-podem-ter-500-mil-anos,664a953d7c3a314fae45d7a83c4fd610m5zrghmn.html>. Acesso em: 8 maio 2017.

3. Leia a tirinha.

Disponível em: <http://deposito-de-tirinhas.tumblr.com/image/80869998437>.
Acesso em: 8 maio 2017.

a) Como Calvin se sente nos três primeiros quadrinhos? Por quê?

_____

_____

b) No segundo e terceiro quadrinhos, Calvin procura pelo casaco.

• Que palavras ou grupo de palavras ele usa para indicar onde procurou?

_____

_____

• Como se classificam essas palavras?

☐ Substantivos.

☐ Locuções adjetivas.

☐ Advérbios.

☐ Adjetivos.

☐ Locuções adverbiais.

• Que sentido essas palavras acrescentam ao texto?

☐ Tempo.

☐ Lugar.

☐ Modo.

213

Leitura 2

Você vai ler uma notícia que foi publicada em um jornal dirigido a leitores jovens e crianças. O texto fala de uma invenção importante.

O que você imagina que seja um "banho infinito"?

Tecnologia

Brasileiro cria "banho infinito", que gasta apenas 10 litros de água

Em tempos de falta de água, banhos demorados devem ser evitados. Pensando nisso, o engenheiro mecatrônico paulista Pedro Ricardo Paulino [...] criou o Showeair, um chuveiro que promete banhos infinitos. O equipamento usa apenas 10 litros de água, pois tem uma bomba que faz com que a água que cai reabasteça o chuveiro. A ducha tem um sistema de raios ultravioleta e ozônio que esteriliza a água, retira o sabão e as impurezas do banho. E como a água que circula no Showeair já foi aquecida na primeira vez que passou pelo sistema, há também uma economia de 70% de energia elétrica. O aparelho, ainda sem previsão de lançamento comercial, custará, no mínimo, R$ 8 mil.

Esterilizar: destruir os germes.
Ozônio: gás de cheiro forte, serve para a esterilização da água.
Raio ultravioleta: parte da faixa luminosa da luz do Sol.

Joca, São Paulo, n. 64, 9 set. 2015. Tecnologia, p. 8.

Estudo do texto

1. A notícia sobre a invenção do chuveiro foi publicada no jornal abaixo.

- Das características a seguir, quais se referem somente a um jornal dirigido ao público infantojuvenil?

    ☐ Informações sobre um fato, um evento recente.

    ☐ Linguagem apropriada para o público leitor.

    ☐ Uso de fotografias que acompanham as notícias.

    ☐ Ilustrações apropriadas para a idade.

2. A notícia do jornal foi publicada na seção Tecnologia.

   a) Quem seriam os prováveis leitores dessa notícia?

   _____

   b) Em qual(is) das seguintes seções do jornal essa notícia também poderia ser publicada? Contorne-a(s).

   | Esportes | Sustentabilidade | Economia | Cultura | Política |

3. Identifique na notícia as informações indicadas entre parênteses.

   a) Criou um invento importante. (Quem?)

   _____

   b) Invento que economiza água. (O quê?)

   _____

   c) O funcionamento do aparelho permite economia de água. (Como?)

   _____

215

4. O lugar onde essa invenção foi criada não consta da notícia, mas é possível imaginar onde isso ocorreu. Que informações do texto permitem chegar a essa informação?

5. Que motivos levaram o engenheiro a criar o chuveiro?

6. A notícia apresenta as características do chuveiro.

a) Quais são as vantagens dessa invenção?

b) Uma informação do texto parece ser um problema para que muitas pessoas possam usar esse chuveiro. O que impediria as pessoas de ter acesso a essa invenção?

7. O que permite que a água seja reutilizada?

8. A água do banho precisa ser aquecida toda vez que for usada? Por quê?

9. As notícias podem ser acompanhadas por fotografias que ilustram as informações do texto e/ou acrescentam outras.

a) Observe as fotografias da notícia. Elas trazem novas informações para o leitor ou apenas ilustram informações dadas?

b) Muitas vezes, as fotografias que acompanham as notícias trazem legendas que explicam o fato ou o complementam. Crie uma legenda para as imagens da notícia lida.

10. Converse com os colegas sobre as questões a seguir.

a) Por que banhos demorados devem ser evitados?

b) Que vantagens e/ou desvantagens a invenção desse chuveiro traz para seu cotidiano?

c) Que outras atitudes podem ser tomadas para evitar o desperdício de água?

A linguagem

1. Observe novamente o título da notícia.

> ## Brasileiro cria "banho infinito", que gasta apenas 10 litros de água

a) Qual é o sentido da palavra "infinito"?

_____

b) Em sua opinião, por que foi usada a expressão "banho infinito" no título?

_____

_____

c) A expressão "banho infinito" está entre aspas (" "). Por que ela foi destacada?

☐ Para mostrar uma qualidade do chuveiro.

☐ Para enfatizar as qualidades do chuveiro.

2. Observe agora o uso da palavra "apenas" no título da notícia.

a) Essa palavra visa destacar um aspecto positivo ou negativo do uso da água? Explique sua resposta.

_____

_____

b) Que palavra poderia substituí-la, mantendo o mesmo sentido?

_____

Outra leitura

Geralmente a charge está relacionada a uma notícia, a um fato que aconteceu recentemente. Uma de suas características é apresentar o que ocorreu de modo crítico e bem-humorado, por meio da linguagem verbal e não verbal.

Observe a charge publicada em um jornal de São Paulo. Na época em que foi divulgada, a cidade de São Paulo enfrentava um grande problema.

Disponível em: <http://fotografia.folha.uol.com.br/galerias/27691-charges-agosto-2014#foto-427040>. Acesso em: 2 maio 2017.

1. Descreva a situação que aparece na charge.

2. Que problema é retratado na charge?

3. Leia o título de uma notícia que trata do mesmo assunto que a charge.

Disponível em: <www1.folha.uol.com.br/cotidiano/2015/05/1632224-falta-de-agua-afeta-rotina-de-colegios-de-sao-paulo.shtml>. Acesso em: 3 maio 2017.

- Agora imagine que você é um jornalista e precisa escrever uma notícia baseada no título acima para ser publicada no jornal da escola.

No caderno, escreva o primeiro parágrafo (ou lide) da notícia, com as informações necessárias para que o leitor fique a par do que aconteceu. Lembre-se de que o lide traz informações sobre o fato (o que, quando, quem, onde, por que).

Jornal falado

Quais são as novidades na escola ou em sua cidade?

Reúna-se em grupo com alguns colegas para produzir um jornal falado com notícias de interesse para sua turma.

Planejamento e escrita

1. A classe será dividida em grupos pelo professor. Cada um será responsável por produzir uma notícia.

2. Investiguem o que está acontecendo ou vai acontecer na escola ou na cidade. Exemplos: um campeonato esportivo, um festival de música, uma campanha de arrecadação, uma inauguração etc.

3. Pensem em quem serão os ouvintes da notícia para selecionar o que será apresentado. Um assunto muito específico de economia pode não ser de interesse de todos.

4. Depois de selecionado o assunto, registrem as informações sobre o fato. Lembrem-se das partes de uma notícia:
   - título, que chama a atenção do ouvinte;
   - lide, parágrafo inicial que contém as principais informações sobre o fato (O que aconteceu? Onde? Quem participou? Quando aconteceu? Por quê?);
   - desenvolvimento da notícia: informações mais detalhadas do que aconteceu, dados numéricos, citações.

5. Cada grupo escolhe um dos alunos do grupo para ser o locutor da notícia. Ele deve preparar-se para dizer a notícia em voz alta, usando o registro escrito como apoio.

6. Antes da apresentação, assista a um jornal na televisão para ver como os apresentadores falam, seus gestos, as formas de se comunicar. O professor dará orientações de como assistir a esses jornais.

Apresentação

1. No dia da apresentação, preparem um espaço onde estarão sentados os locutores. É preciso definir a ordem de apresentação das notícias e os lugares onde cada um ficará.

2. O locutor deve estar atento aos seguintes aspectos:
   - estar bem posicionado na sala de aula para que todos possam vê-lo e ouvi-lo;
   - falar alto o suficiente para ser escutado por todos;
   - falar em ritmo pausado, que permita a compreensão das informações;
   - estar voltado para os ouvintes, para que a fala possa ser ouvida de forma mais clara.

3. Os ouvintes – o restante da turma – devem:
   - ficar em silêncio enquanto o locutor apresenta as notícias;
   - acompanhar com interesse a apresentação dos colegas;
   - ter papel e lápis ou caneta para anotar o conteúdo apresentado;
   - não interromper a apresentação para fazer perguntas, mas anotá-las no caderno;
   - escrever um comentário sobre o assunto apresentado e o desempenho dos colegas;
   - orientar-se pelo item **Avaliação** para fazer outras anotações e observações construtivas sobre o trabalho dos colegas.

Avaliação

Depois da apresentação do jornal falado é hora de avaliá-lo. Cada grupo fará um breve comentário sobre o próprio trabalho e também sobre o dos colegas, com base nas anotações feitas.
- Todos conseguiram ouvir as notícias?
- O assunto escolhido é de interesse da turma?
- Os títulos destacaram o fato principal da notícia e despertaram a atenção dos alunos?
- As principais informações das notícias foram apresentadas?
- O que vocês mais gostaram na apresentação de seu grupo? E nas apresentações dos colegas?

Estudo da escrita

S e Z nas terminações ÊS/ESA, EZ/EZA

1. Leia o título do livro ao lado.

• Leia em voz alta estas palavras:

princ**esa**

bel**eza**

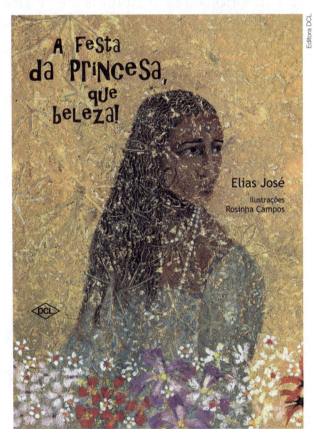

a) O som final dessas palavras é igual ou diferente?

_____

b) Observe a terminação dessas palavras. Que diferença há entre elas?

_____
_____
_____

c) Qual palavra do quadro é derivada de um adjetivo?

_____
_____

d) E qual indica um título de nobreza?

_____
_____

e) Que outras palavras terminadas em **eza** você conhece?

_____

221

Na língua portuguesa, alguns sons são pronunciados do mesmo modo, mas representados por letras diferentes. É o caso das terminações **-ês/-esa** e **-ez/-eza**.

Observe os usos da terminação **-ês/-esa**.

- Indicação de títulos de nobreza.

Exemplo: marqu**ês** → marqu**esa**.

- Indicação de lugar de origem.

Exemplo: palácio do franc**ês** → palácio da franc**esa** (relativo à França).

Os substantivos derivados de adjetivos terminam em **-ez/-eza**. Exemplos: o palácio rico → a riqu**eza** do palácio; princesa honrada → a honrad**ez** da princesa.

Atividades

1. Complete as palavras dos títulos de notícias com as terminações **-ês**, **-esa**, **-ez** ou **-eza**.

Caminhada alerta sobre importância da limp_____ das praias

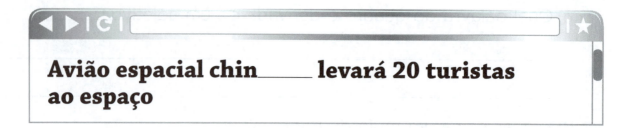

Avião espacial chin_____ levará 20 turistas ao espaço

Cineclube exibe animação franc_____ gratuitamente

222

2. Substitua a expressão destacada por adjetivos. Preste atenção à terminação das palavras.

a) buldogue **da França**

c) galgo **da Irlanda**

_____

b) buldogue **da Inglaterra**

d) *terrier* **da Escócia**

_____

3. Crie palavras derivadas acrescentando as terminações **-ês/-esa** ou **-ez/-eza** às palavras dadas.

a) macio _____   **e)** barão _____

b) duque _____   **f)** nobre _____

c) triste _____   **g)** tailandês _____

d) belo _____   **h)** esperto _____

4. Justifique o uso das terminações **ês/esa** ou **ez/eza**.

• Substantivos derivados de adjetivos: _____.

• Adjetivos que indicam origem: _____.

• Substantivos que indicam título de nobreza: _____.

1. Leia a notícia sobre uma importante ação de uma menina de 12 anos.

Coité: em tempo de redes sociais, adolescente abre biblioteca em povoado

A jovem Clarinha, com sua atitude exemplar, contraria boa parte da atual geração que se apega cada vez mais ao uso das redes sociais, deixando de lado a prática da leitura convencional.

A pequena Maria Clara tem apenas 12 anos, mas teve uma iniciativa de gente grande. Clarinha, como é conhecida, mora **no povoado de Serrote, a cerca de 15 km de Conceição do Coité**, **no semiárido baiano**, no Território do Sisal. Estudante da Escola Antonio Nunes Gordiano Filho, no distrito de Salgadália, teve uma ideia nada comum na era da informação digital, no tempo em que as redes sociais predominam em nosso dia a dia. Ela fundou uma biblioteca para incentivar o hábito da leitura nas crianças e adolescentes do povoado.

Com ajuda de Simone Nascimento, diretora de escola, e do seu "pai-avô", Guiofredo Pereira, mais conhecido por Guió, presidente da associação de moradores da comunidade, Clarinha começou uma campanha de doações de livros e montou um acervo, que mistura livros didáticos, romances e clássicos da literatura brasileira, que ficam sobre duas prateleiras de ferro, no local onde há alguns anos funcionava um posto telefônico, às margens da BA 411.

[...]

Casa onde funciona a biblioteca, em Serrote, Bahia.

Disponível em: <www.calilanoticias.com/2016/04/coite-em-tempo-de-redes-sociais-adolescente-abre-biblioteca-em-povoado.html>. Acesso em: 19 ago. 2017.

a) Complete o quadro com informações sobre a notícia.

Quem?	
O quê?	
Onde?	
Para quê?	

b) Qual é a função da fotografia e da legenda na notícia?

_____

_____

_____

c) Quais trechos destacados na notícia exercem a função de advérbio ou locução adverbial? Classifique-os de acordo com os sentidos do texto.

_____

_____

_____

d) Com base na resposta do item **c**, responda: Por que essas expressões são importantes para o leitor da notícia?

_____

_____

Periscópio

Aqui você encontra sugestões para divertir-se e ampliar seus conhecimentos sobre os temas estudados nesta unidade. Consulte a biblioteca ou peça sugestões aos amigos e ao professor. Compartilhe suas descobertas com os colegas.

Para ler

A revolta das águas, de Maria Cristina Furtado. São Paulo: Editora do Brasil, 2014.

Iara e Guilherme vivem uma grande aventura quando viajam para outro mundo e recebem a visita de Poseidon, o deus dos mares. Ele dá uma missão importante às crianças: avisar aos governantes sobre o perigo que o planeta enfrenta.

O maior tesouro da humanidade, de Patrícia Engel Secco. São Paulo: Melhoramentos, 2012.

Os personagens vivem uma aventura para descobrir a origem da água e da vida no planeta. O livro é um alerta sobre a importância da preservação das águas para o futuro da humanidade.

Procura-se! Galeria de animais ameaçados de extinção, de vários autores. São Paulo: Companhia das Letrinhas, 2007.

O livro apresenta animais que estão ameaçados de extinção. O leitor obtém informações sobre a aparência de cada um, seus costumes e os motivos de seu possível desaparecimento.

UNIDADE 8
Vamos participar da campanha?

1. Observe as cenas a seguir.

- Em quais dessas cenas as pessoas estão agindo de maneira adequada para proteger a vida do planeta? Converse com os colegas e explique o porquê de suas escolhas.

Antes de ler

Em vários lugares encontramos propagandas que divulgam campanhas, por exemplo, de doação de sangue, de limpeza da areia da praia, de paz no trânsito, entre outras.

1. Você já viu alguma propaganda de campanha? Elas estão presentes em muitos lugares por onde passamos. Observe algumas delas.

Outdoor de campanha de prevenção contra a dengue.

Outbus de campanha para melhorar o trânsito.

Cartaz de vacinação contra a gripe.

2. Em que outros lugares você já viu uma propaganda de campanha? Sobre o que era?

Leitura 1

Você vai ler uma propaganda da Companhia Estadual de Águas e Esgotos (Cedae) do Rio de Janeiro, publicada em jornais de circulação nacional.

Há dois personagens no texto: o Esbanja e o Manera. Por que você imagina que eles têm esses nomes?

Disponível em: <www.cedae.com.br/esbanja_manera>. Acesso em: 8 maio 2017.

Mantenha as torneiras fechadas enquanto escova os dentes, lava louça, toma banho e faz a barba, e dê uma lição em quem esbanja água. Afinal, é maneiro ser um Manera.

Esbanjar: gastar demais; gastar sem necessidade.
Maneirar: controlar, diminuir.

Estudo do texto

1. Qual é a principal ideia defendida no texto?
   _____

2. A propaganda foi publicada em jornais de grande circulação nacional. Quem é seu possível leitor?
   _____
   _____

3. Observe o nome dos personagens: Esbanja e Manera. Leia o significado dos verbos **maneirar** e **esbanjar** no glossário.
   a) Que atitudes em relação ao uso da água esses personagens representam?
   _____
   _____

   b) Qual deles parece ter uma atitude mais adequada em relação à ideia central da propaganda? Por quê?
   _____
   _____

   c) Quais trechos do texto indicam que esse personagem tem uma atitude correta?
   _____

4. A propaganda compara a ação de escovar os dentes com a torneira aberta e com ela fechada. Qual é a melhor atitude em relação ao uso da água? Que informações do texto justificam sua resposta?
   _____
   _____
   _____

230

5. Com que finalidade são apresentados ao leitor dados numéricos sobre o uso da água? Use **V** (verdadeiro) ou **F** (falso) para cada uma das afirmações.

☐ Informar sobre o consumo de água em geral.

☐ Mostrar a importância de economizar água.

☐ Convencer o leitor a mudar de atitude.

6. Releia o trecho.

> Não seja um Esbanja ao escovar os dentes. Sempre feche a torneira.

a) Indique os verbos do texto.

_____

b) A quem são dirigidas as palavras "seja" e "feche"?

_____

c) Que ideia essas palavras expressam?

☐ Um convite.

☐ Uma sugestão.

☐ Uma ordem.

☐ Um pedido.

7. Procure no dicionário o significado da palavra **maneiro**. Em que situações a expressão "ser maneiro" costuma ser usada? Assinale a alternativa adequada.

☐ Em conversas com amigos.

☐ Em documentos oficiais.

☐ Em apresentações de trabalhos na escola.

☐ Em mensagens no celular.

231

8. Levante uma hipótese para o uso dessa expressão na propaganda de uma campanha para economizar água.

_____

_____

_____

_____

9. Na propaganda, as ideias são expressas pelas linguagens verbal e não verbal. Observe o trecho abaixo.

a) O que representam as imagens?

_____

_____

_____

_____

b) Com que finalidade elas foram usadas?

☐ Para deixar a propaganda mais bonita.

☐ Para destacar uma informação importante.

☐ Para informar o leitor.

10. A propaganda emprega texto e imagem para apresentar uma ideia ao leitor.

a) Qual é a relação entre as imagens da torneira e do relógio e o texto?

_____
_____
_____

b) Com que finalidade foram colocadas gotas de água de tamanhos diferentes?

_____
_____

11. Com que função foram usadas a cor amarela e as letras grandes na propaganda?

_____

12. O texto apresenta algumas situações em que é possível economizar água. Converse com os colegas sobre outras atitudes que podem ser tomadas para isso e registre-as nas linhas.

_____
_____
_____

O que aprendemos sobre...

Propaganda de campanha

- É um gênero que tem como finalidade convencer o leitor a adotar uma ideia ou a modificar um comportamento.
- Em geral, é composta de texto e imagem que se relacionam para transmitir uma ideia.
- Usa diferentes recursos para se aproximar do leitor e chamar a atenção: linguagem informal, imagens, cores, textos com letras em tamanho grande, entre outros.

233

Estudo da língua

Verbo no modo imperativo

1. Leia uma propaganda sobre o Dia Mundial Sem Carro.

Eject: palavra em inglês que significa "ejetar, lançar, jogar fora".

Disponível em: <http://mountainbikebh.com.br/22setembro/index.html>. Acesso em: 8 maio 2017.

a) Por que você imagina que foi criado o Dia Mundial Sem Carro?

_____

_____

_____

_____

b) A propaganda propõe aos leitores que participem de uma campanha. Que palavras indicam essa ação?

_____

c) A quem os verbos empregados no texto se referem?

☐ Nós.   ☐ Você.   ☐ Ele.

Você já estudou que as propagandas de campanha têm como finalidade convencer o leitor a adotar uma ideia ou a modificar um comportamento. Para isso, os verbos usados expressam um apelo, um pedido, uma ordem.

Veja, no texto, exemplos de pedido para que o leitor tenha um comportamento diferente.

| **Deixe** seu carro em casa. | **Saia** de carona. |

Quando queremos expressar uma ordem, um pedido ou um apelo – dirigidos a uma ou mais pessoas – empregamos o verbo no **modo imperativo**. Exemplos:

- **Saia** de ônibus. (você)
- **Saiam** de ônibus. (vocês)

O verbo no modo **imperativo** pode indicar o que deve ser feito (imperativo afirmativo) ou o que não deve (imperativo negativo). Exemplos:

- No trânsito, **use** roupas claras e confortáveis.
- No trânsito, **não use** roupas escuras.

> O verbo no **modo imperativo** expressa ordem, pedido, apelo dirigidos a uma ou mais pessoas, na forma afirmativa ou negativa.

235

Atividades

1. Leia a propaganda produzida pelo Ministério do Meio Ambiente.

Disponível em: <www.mma.gov.br/responsabilidade-socioambiental/producao-e-consumo-sustentavel/separe-o-lixo-e-acerte-na-lata>. Acesso em: 8 maio 2017.

a) Que mudança de atitude é proposta na propaganda?

_____

b) Quais são os benefícios que isso pode trazer para a sociedade?

_____

_____

2. Observe as imagens: uma carroça e uma latinha amassada. Qual é a relação delas com a finalidade da propaganda?

_____

_____

3. Releia esta frase: "separe o lixo e acerte na lata".

a) Que palavras indicam ações?

_____

b) Qual é o sentido da expressão "acerte na lata"?

_____

c) Se essa frase do texto fosse dirigida a mais de uma pessoa, como ficariam os verbos no imperativo? Reescreva a frase, fazendo as alterações necessárias.

_____

4. Complete com as formas afirmativa ou negativa do verbo **jogar** no imperativo, de acordo com o texto da propaganda.

a) _____ galhos e podas no lixo seco.

b) _____ plástico no lixo úmido.

c) _____ cascas e ossos no lixo úmido.

d) _____ papéis e vidros no lixo seco.

5. O imperativo também é empregado em outras situações do cotidiano. Observe a placa.

a) Em que lugares essa placa costuma aparecer?

_____

_____

SORRIA
VOCÊ ESTÁ SENDO FILMADO!

Tatiana Lubarino

b) Com que finalidade?

_____

237

c) Identifique o verbo que está no modo imperativo.

_____

d) O aviso pede ao leitor que sorria, mas há outro pedido implícito. Qual é a ação que se espera, na verdade, que o leitor tenha?

_____

6. Leia a tirinha de Armandinho. Ela foi publicada para comemorar o Dia da Terra, 22 de abril.

Disponível em: <https://tirasarmandinho.tumblr.com/post/143274255794/tirasarmandinho-tirinha-original-dia-da>. Acesso em: 8 maio 2017.

a) Como Armandinho entendeu a palavra "mata" nos dois primeiros quadrinhos?

_____

b) Que sentimento ele parece ter em relação à fala do adulto? Por quê?

_____

_____

c) A palavra "mata" aparece na tirinha como verbo e como substantivo. Explique seus diferentes significados, de acordo com os usos na tirinha.

_____

_____

d) Qual é a relação entre a tirinha e o Dia da Terra?

_____

_____

Leitura 2

Observe a imagem. A propaganda a seguir foi divulgada pela Secretaria de Estado de Saúde de Minas Gerais.

A quem ela parece ser dirigida?

Disponível em:<www.saude.mg.gov.br/images/noticias_e_eventos/000_2016/3-ago-set-out/15-09_CARTAZ-VACINACAO.pdf>. Acesso em: 8 maio 2017.

HPV: sigla de papilomavírus, vírus responsável por lesões que podem levar ao aparecimento do câncer do colo de útero, quarta maior causa de morte de mulheres por câncer no país.
Liga: grupo de pessoas que se unem por interesses comuns.

 **Estudo do texto**

1. A propaganda da campanha de vacinação foi divulgada em cartazes e na televisão.

    a) A quem ela é dirigida? Assinale a(s) alternativa(s) adequada(s) e justifique sua resposta com um trecho do texto.

    ☐ Aos pais.   ☐ Às crianças.   ☐ Aos adolescentes.

    _____

    b) Que lugares seriam adequados para colar os cartazes dessa propaganda de forma que ela atinja seu público?

    _____
    _____

2. A propaganda convida o leitor a fazer parte da Liga da Vacinação. Por quê?

    _____

3. A palavra "Liga" faz referência a um grupo de heróis de histórias em quadrinhos. Leia o quadro a seguir.

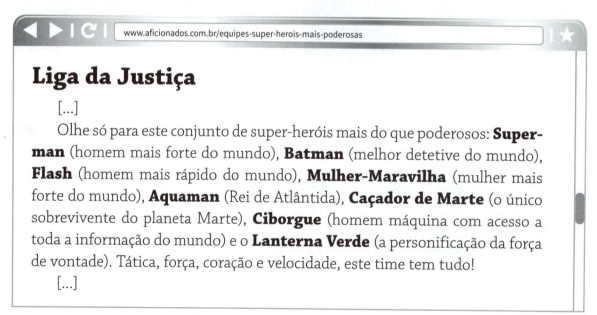

Liga da Justiça

[...]

Olhe só para este conjunto de super-heróis mais do que poderosos: **Superman** (homem mais forte do mundo), **Batman** (melhor detetive do mundo), **Flash** (homem mais rápido do mundo), **Mulher-Maravilha** (mulher mais forte do mundo), **Aquaman** (Rei de Atlântida), **Caçador de Marte** (o único sobrevivente do planeta Marte), **Ciborgue** (homem máquina com acesso a toda a informação do mundo) e o **Lanterna Verde** (a personificação da força de vontade). Tática, força, coração e velocidade, este time tem tudo!

[...]

Disponível em: <www.aficionados.com.br/equipes-super-herois-mais-poderosas>.
Acesso em: 8 maio 2017.

a) Qual é o objetivo da Liga da Justiça?

_____

b) Quem seriam os inimigos da Liga da Vacinação?

_____

c) O que há em comum entre a Liga da Justiça e a Liga da Vacinação?

_____

_____

_____

d) Com que finalidade a propaganda usou como referência heróis dos quadrinhos?

_____

_____

4. Nas histórias em quadrinhos são usados sinais gráficos para representar uma briga entre os personagens. O que este sinal usado na propaganda representa?

jakkapan/Shutterstock.com

_____

_____

5. Leia as duas frases a seguir.

> Faça parte da Liga da Vacinação.

> Você gostaria de fazer parte da Liga da Vacinação?

a) Que diferença de sentidos há entre elas?

_____

_____

b) Qual das duas formas parece ser mais eficiente para ser usada em uma campanha de vacinação? Por quê?

_____

_____

_____

6. A propaganda usa símbolos como *emoticons* (😊😌).

  a) Em que situações são usados normalmente esses símbolos?

  _____

  _____

  b) Os *emoticons* usados na propaganda expressam uma ideia positiva ou negativa? Explique como isso ocorre.

  _____

  _____

  _____

  c) Que outros *emoticons* poderiam ser usados na propaganda, mantendo o mesmo sentido?

  _____

  _____

Para saber mais

Emoticons

São símbolos ou imagens usados para se comunicar de modo rápido que indicam como a pessoa que escreve está se sentindo (alegre, triste, com raiva etc.).

242

7. Observe a criança e os adolescentes que estão na propaganda.

a) Como eles parecem estar se sentindo?

_____

b) Qual é a relação entre a imagem desses jovens e a campanha de vacinação?

_____

_____

8. O sinal **#** aparece várias vezes na propaganda. Ele é usado em redes sociais diante de palavras compartilhadas entre as pessoas. Esse recurso de linguagem é eficiente para atrair os leitores jovens? Por quê?

_____

_____

9. A propaganda usou recursos para atrair o público-alvo. Marque-os com **X**.

- ☐ Símbolos próprios das histórias em quadrinhos.

- ☐ Informações sobre o cartão de vacinação.

- ☐ Linguagem usada em redes sociais.

- ☐ Data e idade das pessoas que devem procurar os postos de saúde.

O que aprendemos sobre...

Propaganda de campanha

- A linguagem e as imagens podem variar de acordo com o público.
- Os verbos são conjugados no modo imperativo para indicar um pedido, uma ordem, um apelo.
- Pode ser divulgada em diversos espaços e suportes: televisão, jornal, revista, _outdoor_, internet e outros.

243

Giramundo

Qual é a música que te faz feliz?

No Dia Internacional da Felicidade, 20 de março, a Organização das Nações Unidas (ONU) lançou uma campanha que convida as pessoas a compartilhar músicas que provocam sentimento de alegria.

A data foi criada em 2012, em assembleia geral dessa organização, para que todos se lembrem da importância da felicidade e do bem-estar como metas universais e como inspiração para políticas públicas em todo o mundo.

1. Que tal fazer, com seus colegas, uma *playlist* de músicas que provocam sentimentos de alegria e bem-estar em vocês?

Playlists são coleções de faixas de músicas agrupadas de acordo com um tema ou gênero. Depois que a seleção das músicas for feita, a *playlist* pode ser acessada no computador ou no celular.

Cada aluno escolherá sua música, e todos compartilharão as escolhas da turma em um espaço a ser combinado com o professor.

 **Outra leitura**

Você vai ler um poema que trata do desejo de um menino de se corresponder com um ser de outra galáxia.

O que você imagina que ele gostaria de falar com esse ser?

Menino que mora num planeta
azul feito a cauda de um cometa
quer se corresponder com alguém
de outra galáxia.
Nesse planeta onde o menino mora,
as coisas não vão tão bem assim:
o azul está ficando desbotado,
e os homens brincam de guerra.
É só apertar um botão
que o planeta Terra vai pelos ares...
Então o menino procura com urgência
alguém de outra galáxia
para trocarem selos, figurinhas
e esperanças.

Roseana Murray. *Classificados poéticos*. São Paulo: Moderna, 2010. p. 27.

1. O menino parece satisfeito com o lugar onde mora? Por quê?

2. O que o ser de outra galáxia pode oferecer ao menino para ajudá-lo a viver em seu planeta?

3. Se você pudesse se corresponder com seres de outra galáxia, o que gostaria de trocar com eles? Por quê?

245

Produção de texto

Propaganda de campanha

A escola é o espaço onde você fica grande parte do dia. Que cuidados devem ser tomados nesse lugar?

A turma vai criar propagandas que chamem a atenção dos demais alunos da escola para o cuidado com o espaço escolar. Os cartazes serão expostos no pátio, em um dia combinado com o professor.

Planejamento e escrita

1. Listem os espaços que podem ser mais bem cuidados na escola: as salas de aula, o pátio, a biblioteca, a quadra, entre outros.
2. Avaliem o que precisa ser feito em cada um desses lugares, por exemplo, manter os livros em ordem na biblioteca e a limpeza do pátio, cuidar das plantas, separar o lixo reciclável.
3. Em seguida, cada grupo apresenta suas ideias. Os alunos decidem quais aspectos farão parte da campanha e qual será o tema de cada grupo.

Ilustrações: Claudia Mariano

4. Antes de produzir o texto, planejem como será o cartaz da propaganda. Conversem com os colegas e anotem as ideias que surgirem. Este roteiro pode ajudá-los no planejamento.

- Qual será a campanha?
- Sobre o que será a propaganda do grupo?
- A quem ela será dirigida?
- Que ação se espera do leitor em relação à campanha?
- Que informações serão usadas para convencer o leitor a participar da campanha?
- Que imagens farão parte da propaganda?
- Que recursos serão usados para aproximar o leitor?

Produção e avaliação

1. Façam um esboço do cartaz. Observem os seguintes itens:
    - O texto e as imagens estão legíveis?
    - A ortografia e a acentuação das palavras estão corretas?
    - A linguagem está adequada ao público leitor?
    - O tamanho das letras e as cores chamam a atenção?

    - A propaganda apresenta informações para convencer o leitor a cuidar do espaço da escola?

Mudem o que for necessário e produzam o cartaz.

Apresentação

Além de espalhar os cartazes pela escola, é necessário comunicar os objetivos da campanha aos alunos das outras turmas para que todos participem.

Aa Estudo da escrita

Uso do X ou CH

1. Conheça a história do encontro entre o sapo e a onça. Qual deles tem a voz mais forte? Quem você imagina que vencerá a disputa?

O sapo e a onça

Dona onça era assim;
Orgulhosa noite e dia,
E por onde ela passava
Todo **bicho** se escondia,
Com os rugidos que soltava,
A floresta emudecia.

Certo dia, em um lago
Um sapinho apareceu;
Dona onça rugiu forte,
Mas o sapo nem tremeu.
– Como ousa não ter medo
De alguém forte como eu?

[...]

Disse a onça: – É sua vez,
Bote a garganta pra fora;
E o sapo bem **baixinho**,
Coaxou sem ter demora,
Mas o som foi tão miúdo
Que a onça riu na hora.

– É com esse som fraquinho
Que você me venceria?
Dona onça gargalhou,
Porém ela nem sabia
Que os sapos da lagoa
Adoravam cantoria.

[...]

César Obeid. *Cordelendas: histórias indígenas em cordel*. São Paulo: Editora do Brasil, 2014. p. 14-16.

a) Que adjetivos caracterizam os sons produzidos pelos animais? Relacione as colunas.

- sapo
- onça

- assustador
- encantador

b) No fim da história, quem venceu a disputa?

c) Leia em voz alta as palavras destacadas no texto. Nessas palavras, o **x** e o **ch** representam:

☐ um único som.

☐ sons diferentes.

248

2. Leia agora as palavras do quadro.

Palavra original	Palavra da mesma família
baixo	baixinho
bicho	bichinho

- O que é possível observar em relação à escrita do **x** e do **ch** em palavras da mesma família?

> Nas palavras, **x** e **ch** podem representar o mesmo som.
> Na escrita, as palavras da mesma família são registradas com a mesma letra (ou grupo de letras).
> Se tiver dúvida sobre o uso do **x** ou **ch**, consulte o dicionário.

Atividades

1. Complete as palavras com **x** ou **ch**.

a) _____u_____u   c) _____impanzé   e) abaca_____i

b) lagarti_____a   d) salsi_____a   f) ca_____orro

2. Escreva uma palavra da mesma família.

a) chuva: _____   c) caixa: _____

b) chave: _____   d) lixo: _____

3. Veja as imagens e complete as palavras com a(s) letra(s) que falta(m).

a)  _____ícara

c)  _____ampu

b)  fanto_____e

d)  mo_____ila

249

Retomada

1. Leia a propaganda de uma campanha.

Disponível em: <www.abcdoabc.com.br/sao-caetano/noticia/feira-adocao-animais-ocorre-neste-sabado-sao-caetano-2598>. Acesso em: 14 abr. 2017.

a) Qual é a finalidade da campanha?
_____

b) A quem se refere a palavra "amigo" no texto?
_____

c) Por que a pessoa deveria adotar, e não comprar, um animal?
_____
_____

d) Observe a imagem do animal. Que função ela tem na propaganda?

☐ Apresentar um animal a ser adotado.

☐ Mostrar que os animais são importantes.

☐ Emocionar o leitor para que ele adote um animal.

250

e) Que sentido a expressão "não compre, adote" expressa?

☐ Ordem. ☐ Pedido. ☐ Apelo.

f) Qual é o sentido da expressão "é o bicho" no texto?

_____

2. Observe a sinalização colocada em uma praia.

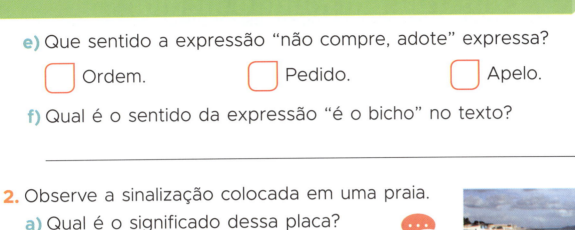

   a) Qual é o significado dessa placa?
   b) A quem ela é dirigida?
   c) Por que será que ela foi colocada nesse lugar?

   _____
   _____

   d) Escreva uma frase usando o imperativo e mantendo o sentido da imagem.

   _____

3. Leia a tirinha de Garfield, um gato muito preguiçoso.

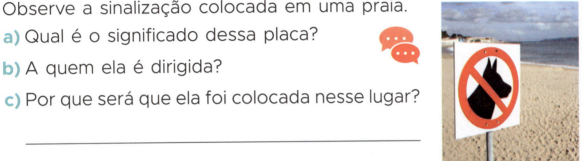

Disponível em: <https://tirinhasdogarfield.blogspot.com.br/search?updated-max=2010-05-05T07:42:00-03:00>. Acesso em: 8 maio 2017.

   a) Qual é a relação entre a fala de Garfield e o fato de ele ser muito preguiçoso?
   b) Como ficaria cada verbo a seguir no imperativo, mantendo o tratamento da tirinha?

   • sair da cama _____   • levantar _____

Construir um mundo melhor

Os jovens e os espaços de lazer da cidade

Lazer é a diversão ou a recreação que uma pessoa pode fazer em seu tempo livre. É um direito de todos os cidadãos!

Quantos espaços públicos de lazer existem perto de você? Será que os jovens de seu bairro ou cidade conseguem utilizar esses espaços? É possível ampliá-los? Como?

Parque Moinhos de Vento, Porto Alegre, Rio Grande do Sul, 2016.

O que fazer

1. Identificar, na região onde você mora, os espaços e programas de lazer oferecidos à população jovem.
2. Pesquisar os equipamentos e espaços que a população gostaria que fossem implantados.
3. Organizar as informações levantadas em uma tabela.
4. Propor melhorias nos espaços e equipamentos públicos da região.

Como fazer

Pesquisar

1. Pesquisar, na internet, espaços e equipamentos de lazer de outras cidades que vocês gostariam que existissem no seu bairro ou cidade. Alguns exemplos: cinema; teatro; museu; academias públicas nas praças; quadras de esportes mais equipadas, entre outros.
2. Consultar familiares e vizinhos para saber se os equipamentos pesquisados existem em seu bairro ou cidade.
3. Junto com os colegas e o professor, elaborar um formulário para registrar as informações e pensar o que deveria constar desse formulário.
4. Cada grupo de três alunos entrevista de cinco a sete pessoas de idades variadas que morem no bairro.
5. Ao iniciar a entrevista, apresentar-se e expor o objetivo da pesquisa.
6. Se possível, gravar as respostas mais longas.

Elaborar tabela

1. Junto com o professor e a turma, elaborar uma tabela para anotar os dados da pesquisa.
2. Junte-se a mais três colegas e façam o levantamento de dados (tabulação) da pesquisa e os anotem na tabela.
   a) Separem os formulários por idade.
   b) Em duplas, preencham os dados dos formulários por idade na tabela que vocês elaboraram.

O que fazer com os dados

Com base nos dados da pesquisa, o que é possível solicitar ao poder público como melhoria para seu bairro? A quem fazer essa solicitação? Junto com o professor e os colegas, pensem em formas de solicitar a ampliação de espaços e equipamentos de lazer.

Periscópio

Aqui você encontra sugestões para divertir-se e ampliar seus conhecimentos sobre os temas estudados nesta unidade. Consulte a biblioteca ou peça sugestões aos amigos e ao professor. Compartilhe suas descobertas com os colegas.

📖 Para ler

Classificados poéticos, de Roseana Murray. São Paulo: Moderna, 2010.
Os poemas, em forma de classificados de jornais e revistas, apresentam vendas, compras e trocas de produtos inusitados.

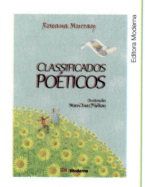

Meu planeta rima com água, de César Obeid. São Paulo: Moderna, 2016.
Poemas sobre a importância da água e dos recursos naturais em geral.

🔊 Para ouvir

Água pras crianças – Cada gota é um tesouro, de Zé Renato.
Esse projeto pretende conscientizar, por meio da música, o público de todo o Brasil sobre o uso da água. É uma criação do cantor e compositor Zé Renato. No *site*, é possível ouvir canções e ler a Declaração Universal dos Direitos da Água. Disponível em: <www.zerenato.com.br/aguaprascriancas>. Acesso em: 12 set. 2017.

👆 Para acessar

Campanhas – Multirio: peças educativas para incentivar hábitos de preservação do meio ambiente, o prazer de ler e a promoção da saúde. Disponível em: <www.multirio.rj.gov.br/index.php/busca?mult=13&cat=67&tip=3402&proj=8673&txt=&ord=>. Acesso em: 16 jun. 2017.